Isabelle Rabier
& Aurélia Clot



# Osez le social selling

ENTREPRENDRE AUTREMENT
ET RÉUSSIR GRÂCE AU POUVOIR
DE LA RECOMMANDATION

le cherche midi

# Préface

Le *social selling* est une innovation de rupture dans le commerce. La possibilité de prendre le pouvoir (*empowerment* en anglais), donnée à chacun, est au cœur de cette innovation. Le pouvoir de devenir des acteurs de la transformation nécessaire de nos modèles de consommation.
C'est d'ailleurs sous cet angle très humain de l'*empowerment* que m'est apparu le potentiel extraordinaire du projet Jolimoi qu'Aurélia et Isabelle sont venues me présenter en 2018. Et en particulier, le pouvoir qu'il donnait à chacun de prendre le contrôle de son projet professionnel en devenant entrepreneur, dans un des secteurs les plus porteurs de l'économie aujourd'hui : le bien-être et la beauté.

Devenir un vrai entrepreneur, développer son activité économique en toute indépendance, construire un fonds de commerce, inspirer d'autres personnes et les réunir dans une logique d'équipe qui gagne et qui grandit : je connaissais bien l'attractivité et le potentiel de cette promesse, et je n'avais pas beaucoup de doutes sur ses chances de succès. Six ans après cette rencontre, plus de 12 000 stylistes ont d'ailleurs saisi l'opportunité Jolimoi !

Ce qui me rendait aussi confiant, c'était d'avoir déjà vécu cette révolution de l'entrepreneuriat dans un autre secteur, celui de la transaction immobilière, en tant que président du groupe iad. Jugez plutôt : en 2008 en France, les mandataires immobiliers indépendants étaient moins de 3 000 et captaient, tous ensemble, moins de 3 % des transactions immobilières résidentielles. Quinze ans plus tard, en 2023, ils étaient plus de 30 000 et captaient près de 30 % du marché. Et ce n'est pas une exception française. Sur tous les marchés dans lesquels nous avons développé le groupe iad, la même révolution de la libération de l'entrepreneuriat est à l'œuvre, au Portugal, en Espagne, en Italie, en Allemagne, au Royaume-Uni, aux États-Unis, au Mexique...

Elle touche bien entendu d'autres secteurs de l'économie, et je la vois à l'œuvre de près en tant qu'investisseur dans des secteurs aussi variés que la distribution automobile, le recrutement ou l'installation de panneaux solaires, par exemple.

Plusieurs facteurs me semblent expliquer cette même dynamique de transformation d'une partie des entreprises commerciales dans des secteurs pourtant si différents. Celui qui me semble le plus fondamental et probablement le plus profond, c'est le pouvoir d'attraction de l'indépendance, de l'autonomie. Il est particulièrement puissant parce qu'il résonne avec la notion de liberté et de moindre contrainte. La liberté d'organiser son temps, de fixer ses propres objectifs, de choisir son lieu et son cadre de travail. La liberté de choisir les personnes avec lesquelles on va interagir au quotidien. La liberté de décider quand on va mettre un coup de collier et quand, au contraire, on va pouvoir souffler un peu. La moindre contrainte de ne pas subir les affres d'un manager déplaisant. Évidemment, il n'est pas question de croire que tout devient facile quand on est indépendant. La réalité est même inverse : c'est souvent plus exigeant et plus difficile que d'obéir à des consignes. Un chiffre simple permet de l'illustrer : avec quinze années de recul chez iad, on mesure de manière stable que 50 % environ de ceux qui tentent leur chance passent le cap de la première année… Mais quand on y arrive, quelle satisfaction et quel plaisir dans la durée !

J'ai souvent également constaté qu'être un entrepreneur indépendant était un facteur de motivation pour rendre un service de qualité à son client. J'imagine qu'on est là sur un ressort psychologique basique : en tant qu'indépendant, on est plus engagé personnellement dans la qualité du service rendu, donc plus en risque si cela se passe mal et plus directement valorisé si cela se passe bien. C'est en général de bon augure pour la fidélisation du client. Sans compter que cet investissement personnel plus grand est aussi un moteur de fierté quand le résultat est satisfaisant… et de déception quand il ne l'est pas. C'est l'ascenseur émotionnel que tous les entrepreneurs connaissent bien. On vit plus fort, dans le bon et dans le moins bon !

La meilleure répartition de la richesse créée me semble également un facteur essentiel à l'œuvre derrière le développement de ces nouveaux modèles. Dans beaucoup d'organisations plus traditionnelles, une partie substantielle de la création de valeur va rémunérer des « étages » qui n'existent pas dans un modèle comme celui de Jolimoi. Je pense notamment aux réseaux de franchise, avec des masters franchisés et des franchisés qui nécessitent d'être rémunérés. Chez Jolimoi, comme chez iad, les milliers d'entrepreneurs indépendants sont directement rattachés au siège de l'entreprise, et rémunérés sans étage intermédiaire.

Un autre avantage est la possibilité offerte à chaque styliste de compléter son activité commerciale par le développement d'une équipe, en parrainant d'autres entrepreneurs et entrepreneuses comme elle. Cet élément est clé, car il active trois ressorts aussi puissants que pérennes. Le premier est l'enrichissement du quotidien autour des activités induites de recrutement, de coaching et de formation. Il ajoute une dimension managériale qui va permettre à chacun et chacune de consacrer une partie de son temps et de son énergie à aider d'autres à réussir, ce qui est souvent source d'épanouissement et de valorisation. Le deuxième est la constitution d'une source de revenus, assise sur la marge des ventes réalisées par l'ensemble de ses filleuls, petits-filleuls… Et le troisième est la possibilité, dans certains cas, de constituer un fonds de commerce, cessible et transmissible, qui vient concrétiser encore plus la réalité entrepreneuriale de ce modèle.

**Roland Tripard**
Président non exécutif
d'iad Group

# Sommaire

# Introduction

Chère lectrice, cher lecteur,

Que vous ouvriez cet ouvrage par simple curiosité, parce que vous hésitez à vous lancer, ou parce que vous souhaitez donner un coup d'accélérateur à votre business, ce livre est fait pour vous.

Plonger dans l'univers du *social selling*, c'est comme ouvrir une porte sur un nouveau monde de possibilités. En tant que spécialistes ayant accompagné des milliers de personnes dans cette aventure, nous pouvons vous assurer qu'il s'agit de bien plus qu'une simple stratégie de vente en ligne. C'est une transformation profonde, à la fois personnelle et professionnelle.

Quand on aime un produit ou un service, on a envie de le recommander, c'est profondément humain, c'est au cœur de nos interactions sociales. Qui n'a jamais conseillé un livre, un bon vin, un coiffeur ?

Le *social selling*, c'est précisément cela. Un business qui s'appuie sur le pouvoir de la recommandation, notamment via les nouveaux modes de communication, pour conseiller et vendre des produits ou des services testés et appréciés. Il trouve son essor en rassemblant des groupes de personnes qui embrassent les mêmes intérêts ou la même passion, et qui les partagent naturellement via le bouche-à-oreille.

Quand nous avons commencé ce voyage, nous ne savions pas où il nous mènerait. Mais au fil des rencontres, des succès et même des échecs, nous avons compris que le *social selling* est bien plus qu'une nouvelle méthode de commerce. C'est un moyen de se connecter authentiquement avec son marché, de bâtir des relations solides et durables.

Nous avons vu des individus timides devenir de véritables leaders d'opinion, des entrepreneurs doubler, voire tripler leurs ventes, simplement en maîtrisant les subtilités du *social selling*. Et ce n'est pas une question de chiffres ou de statistiques, mais plutôt de passion, d'engagement et de connexions humaines.

Dans ce livre, nous souhaitons partager avec vous, non seulement les outils et les techniques qui sont au cœur de la méthode S.I.M.P.L.E™ que nous avons développée chez Jolimoi et qui sont aujourd'hui à l'origine du succès de milliers de personnes, mais aussi l'état d'esprit nécessaire pour réussir dans ce domaine.

Car oser le *social selling*, c'est oser être authentique, transparent et vulnérable, oser sortir de sa zone de confort, prendre des risques et croire en son potentiel.

Le *social selling* est accessible à tous, nul besoin d'expérience préalable ou de diplôme pour créer son business et générer des revenus, à condition de passer à l'action.

Alors, si vous êtes prêt à faire le grand saut dans le monde du *social selling*, nous vous invitons à parcourir ces pages avec ouverture d'esprit et détermination. Car ensemble, nous pouvons oser, innover et créer un avenir où le succès n'est plus un rêve lointain, mais une réalité à portée de main.

*Le social selling est une nouvelle forme de commerce qui permet aux consommateurs de se créer un revenu en devenant acteurs dans le conseil et la vente de produits et de services qu'ils apprécient. Cette activité repose sur la puissance de la recommandation et s'exerce aussi bien par voie digitale qu'en présentiel. Le social selling nécessite de choisir les bons outils et de se former sur les produits (ou services), la relation client et les nouveaux modes de communication.*

# 1

# Les origines du *social selling*

Ce chapitre marque le début d'une exploration approfondie du *social selling*. Il va vous permettre de comprendre l'histoire et l'évolution du métier de la vente par recommandation, et vous donner les clés pour pouvoir l'expliquer à votre entourage. Vous y gagnerez en confiance et en crédibilité.

# Introduction

Si nous devions expliquer le *social selling* à nos grands-mères, nous leur dirions ceci : « Tu sais, mamie, tu me conseilles toujours tes produits préférés pour concocter tes recettes de cuisine, eh bien, si tu avais pu faire du *social selling* et devenir *social seller* à ton époque, tu serais riche aujourd'hui ! Le *social selling* te permet en effet de gagner de l'argent en recommandant tes bons plans autour de toi. »
Nous venons de parler de nos grands-mères et de cuisine, et je vous entends déjà comparer le *social selling* à la « vente Tupperware » ! Un Tupperware 2.0. Vous n'avez pas tout à fait tort. Cette brève histoire du *social selling* va vous permettre de mettre en valeur cette nouvelle forme de commerce en expliquant qu'elle s'inscrit dans le temps, qu'elle a déjà fait ses preuves et qu'elle accompagne depuis plus de soixante-dix ans maintenant tous les grands changements sociaux, culturels et technologiques.

## L'ère Tupperware (1950-1980) : la genèse du *social selling*

Bien que certaines entreprises aient commencé à utiliser ce modèle de distribution dès 1886, c'est véritablement aux États-Unis, dans les années 1950, que le *social selling* trouve ses origines, sous le nom de « vente à domicile ».
L'après-guerre est marquée par une prospérité économique, et la société américaine valorise un modèle centré sur l'homme en tant que pourvoyeur de revenus et la femme en tant que ménagère. C'est aussi le début de la consommation de masse et de la standardisation des innovations technologiques destinées à faciliter la vie quotidienne. Le réfrigérateur, le lave-vaisselle, le four à micro-ondes, le climatiseur ou encore l'aspirateur sont autant d'innovations qui rejoignent les foyers américains. C'est la marque Tupperware, aujourd'hui mondialement connue, qui développe et démocratise ce nouveau mode de vente afin de distribuer ses contenants alimentaires.
En 1946, l'ingénieur Earl Tupper invente les premiers récipients hermétiques en plastique. Ses produits révolutionnent la conservation des aliments. Seulement, il peine à les vendre dans les magasins traditionnels car les consommateurs ne comprennent pas bien, sans démonstration, leur fonctionnement innovant.
Brownie Wise, une femme d'affaires avisée, a alors l'idée révo-

lutionnaire de vendre les produits Tupperware en vente directe via des *Tupperware parties*. Ces réunions consistent à inviter des amis et des voisins pour leur montrer comment utiliser les produits, et, dans la foulée, les vendre. **Ces événements mettent l'accent sur l'expérience sociale et la démonstration du produit, qui crée une relation de confiance entre le vendeur et le client.** Cette initiative rencontre un vif succès. Impressionné par cette méthode de vente, Earl Tupper décide de retirer ses produits des magasins en 1951 pour les réserver exclusivement à la vente à domicile, et nomme Brownie Wise vice-présidente de Tupperware Home Parties. Ensemble, ils développent ce modèle commercial, engageant l'entreprise vers un succès mondial. C'est la première étape dans la construction du *social selling* tel qu'il existe aujourd'hui.

**Brownie Wise est considérée comme l'une des femmes d'affaires les plus influentes du XX^e siècle. Elle a été la première femme à faire la couverture du magazine *Business Week* en 1954.**

Le modèle de vente Tupperware et ses techniques innovantes ont créé une révolution culturelle et sociale en offrant aux femmes de l'époque des opportunités d'indépendance financière et d'entrepreneuriat. Cela a joué un rôle important dans l'évolution de leur place au sein de la société.
Tupperware se développe admirablement entre 1950 et 1980 et s'exporte à l'international à partir des années 1970. L'entreprise continue d'innover sur ses produits, adaptant son marketing et ses techniques de vente aux pays dans lesquels elle s'exporte. Ainsi, elle se forge une réputation internationale en tant que marque fiable proposant des produits de qualité.

## De la vente à domicile au marketing de réseau (1980-2000) : extension du modèle

À partir des années 1970-1980, le modèle de vente à domicile commence à évoluer vers le marketing de réseau. Cette approche implique non seulement la vente de produits, mais aussi le recrutement de nouveaux vendeurs pour démultiplier la force de vente.

**Le marketing de réseau est également connu sous le nom de marketing multiniveau (MLM ou *Multi-Level Marketing* en anglais). Il s'agit d'une application du marketing relationnel. C'est une stratégie de vente et de promotion de produits ou de services ; les revenus des revendeurs proviennent principalement de la vente directe à des consommateurs et de l'animation d'une équipe de recrues, qui se destinent elles-mêmes à ce type de commerce.**

L'émergence du marketing de réseau a été influencée par cinq facteurs clés au cours du XXe siècle, qui ont rendu possible et accéléré son développement ainsi que l'expansion de la vente à domicile. On les retrouve aussi bien aux États-Unis, qu'en Amérique latine, en Europe et en Asie avec des spécificités locales et des impacts différents sur l'évolution du modèle.

## La recherche d'authenticité et de personnalisation

Les années 1980 marquent le début d'une évolution profonde dans les comportements de consommation, qui repose sur deux tendances fortes : l'augmentation de la méfiance envers la publicité traditionnelle et la recherche de produits personnalisés.

### L'augmentation de la méfiance envers la publicité traditionnelle stimule la recherche d'authenticité et de nouvelles formes de relations commerciales.

Elle s'est développée de manière graduelle sur plusieurs décennies. Bien qu'elle ait commencé à se manifester dans les années 1960-1970, elle s'est ensuite intensifiée au fil du temps.
Les années 1980 font suite à une période intense de questionnement social et culturel, où de nombreuses normes traditionnelles sont remises en question, y compris les pratiques commerciales et publicitaires, avec une prise de conscience croissante des questions liées aux droits des consommateurs et à l'impact de la publicité sur la société.
À cette période, le développement des médias de masse et l'augmentation des budgets publicitaires entraînent une surcharge d'informations pour les consommateurs.
Depuis les années 2000, l'avènement du numérique a radicalement transformé la manière dont les consommateurs interagissent avec la publicité. On constate une augmentation de la méfiance à l'égard des annonces publicitaires intrusives ou trom-

peuses. Les questions éthiques et environnementales prennent de plus en plus d'importance, ce qui influence la perception de la publicité par les consommateurs, notamment en Europe.

**Les modes de vente traditionnels ne sont pas adaptés à la recherche de produits personnalisés.**

Celle-ci s'intensifie avec une valorisation de plus en plus forte de l'expression personnelle et de l'individualité. Les consommateurs recherchent des produits qui reflètent leur identité et leurs préférences. Contrairement à la standardisation de l'ère industrielle, ils veulent éviter l'uniformité. Cette tendance s'accélère avec les nouvelles capacités industrielles et technologiques qui permettent la personnalisation à grande échelle. Le désir du consommateur de se procurer des produits personnalisés et de vivre des expériences uniques n'est pas toujours satisfait par les canaux de vente traditionnels, créant ainsi un espace pour le développement du marketing de réseau.

## L'évolution des rôles sociaux et du marché du travail

Deux facteurs soutiennent cette évolution :

- l'émancipation des femmes et la féminisation du monde du travail ;
- la recherche de revenus supplémentaires à cause de l'incertitude économique.

**Le marketing de réseau est une opportunité qui répond à la féminisation du monde du travail.**

Dans les années 1980-2000, la perception des rôles de genre évolue de façon significative. Les femmes commencent à être reconnues comme des actrices économiques importantes, et pas seulement comme des gardiennes du foyer. Cette évolution est soutenue par de multiples facteurs encourageant la féminisation du travail : accès à l'éducation supérieure, législation sur l'égalité des sexes et non-discrimination à l'embauche, congé parental, évolution d'une économie industrielle vers une économie de services…

L'augmentation du nombre de femmes travaillant à l'extérieur du foyer, les fameuses « *working girls* », va de pair avec un besoin croissant de flexibilité dans les opportunités d'emploi, ce qu'offre le marketing de réseau.

***Working Girl*** **est une comédie romantique de 1988, avec Melanie Griffith, qui explore les thèmes de l'ambition, du sexisme et de la réussite professionnelle dans le monde des affaires de Manhattan, dans les années 1980. La fameuse chanson** ***Working Girl*** **de Cher, sortie en novembre 1987, a, quant à elle, inspiré de nombreuses femmes dans leur quête d'émancipation.**

La flexibilité du travail indépendant offert par le marketing de réseau apporte une solution concrète à la recherche de revenus supplémentaires.

De nombreux facteurs amènent de plus en plus de personnes à chercher des moyens d'augmenter leurs revenus pour maintenir ou améliorer leur niveau de vie. Parmi eux, on peut citer la stagnation des revenus des classes moyennes et l'accroissement des inégalités, l'augmentation du coût de la vie ainsi que les changements sur la nature des emplois exercés. La flexibilité et l'accessibilité du marketing de réseau en font une opportunité attrayante.

**En 1987, un krach boursier majeur, connu sous le nom de « lundi noir », s'est produit à New York. S'il n'a pas eu l'ampleur de celui de 1929, il a incité de nombreuses personnes à rechercher de nouvelles sources de revenus.**

## Les innovations technologiques et les moyens de communication

Dans les années 1980-2000, souvent appelées « l'ère de l'information », deux innovations technologiques et de communication ont été fondamentales pour le marketing de réseau :

1980 : l'accès à un ordinateur personnel, le PC (*personal computer*) ;
1991 : l'accès au World Wide Web.

Bien que l'Internet existe depuis les années 1960 avec la création du réseau ARPANET aux États-Unis par l'Agence pour les projets de recherche avancée de Défense (DARPA, Defense Advanced Research Projects Agency), ce n'est qu'en 1991, avec l'accès au World Wide Web, qu'il devient une ressource mondiale, abolissant par la même occasion toutes les frontières dans l'accès à la communication et à l'information. On date généralement le début de l'Internet moderne à 1983, avec l'adoption du protocole de communication Internet, TCP/IP, sur ARPANET.

**Le World Wide Web a été créé en 1989, au CERN, en Suisse, par Tim Berners-Lee, un informaticien britannique. Il a proposé un système de gestion de l'information utilisant l'hypertexte pour faciliter le partage de données entre chercheurs. Ce système est devenu la base du World Wide Web, le fameux « www » qui figure toujours dans les adresses Web que vous renseignez sur Internet.**

En 1990, avec l'aide de Robert Cailliau, un ingénieur informatique belge, Berners-Lee a développé le protocole de communication HTTP, le langage de balisage HTML, et le premier navigateur et serveur Web. Le premier site a été mis en ligne en 1991, marquant le début du Web moderne.

### Années 2000 : la téléphonie mobile

L'essor des smartphones et des applications mobiles a révolutionné la communication personnelle et permis une connectivité constante, offrant aux professionnels du marketing de réseau des moyens simples et pratiques pour gérer leur entreprise et communiquer avec leurs clients en temps réel.
Ces innovations ont non seulement facilité la création de vastes réseaux de distribution, mais elles ont également permis aux entreprises de marketing de réseau d'atteindre un public plus large, d'offrir un meilleur support et de gérer leurs opérations plus efficacement.

**Le premier téléphone portable commercialisé en France, le Bip Bop, a été lancé en 1986 par la société Matra Communication, une filiale du groupe Matra, dirigée à l'époque par Jean-Luc Lagardère. Il était relativement compact par rapport aux standards du moment et surtout reconnu pour son aspect novateur. Il a été commercialisé pour la première fois le 1er octobre 1991 à Strasbourg. Cet appareil était une expérimentation d'un réseau Pointel. Par la suite, le Bi-Bop a été distribué à Paris et à Lille, le 26 avril 1993, dans le but de concurrencer le GSM. Ce produit a connu un certain succès dès les premiers mois de sa commercialisation.**

### 1992 : le SMS (Short Message Service)

Permettant d'envoyer de courts messages texte via un téléphone mobile, le SMS est rapidement devenu un moyen de communication populaire, en particulier chez les jeunes.
Le marketing de réseau, qui repose sur la connexion et les relations interpersonnelles avec le client ou les autres vendeurs d'une même équipe, a largement été porté par cette innovation.

## Le changement d'attitude envers le monde du travail

Entre 1980 et 2000, influencées par divers facteurs économiques, technologiques et socioculturels, les mentalités ont fortement évolué. Plusieurs éléments ont particulièrement impacté le développement du marketing de réseau :

- **La valorisation de l'indépendance et de l'entrepreneuriat :** durant cette période, l'entrepreneuriat et l'indépendance professionnelle gagnent en popularité. De nombreuses personnes commencent à chercher des moyens de gagner leur vie en dehors des emplois traditionnels. Le marketing de réseau, qui permet de créer sa propre entreprise avec un faible investissement initial et des démarches administratives allégées, devient une option attractive.

- **La flexibilité et l'équilibre travail-vie personnelle :** avec une attention croissante portée à l'équilibre entre vie professionnelle et vie personnelle, le marketing de réseau apparaît comme une solution offrant flexibilité des horaires et contrôle sur le temps de travail. Cela répond aux besoins de ceux qui cherchent à échapper aux contraintes d'un emploi à temps plein traditionnel.

- **Le changement de perception du marketing de réseau :** alors que le marketing de réseau était parfois perçu de manière négative, l'augmentation de la légitimité des affaires en ligne et des pratiques commerciales plus transparentes contribue à améliorer son image.

- **La diversité croissante de la main-d'œuvre :** l'inclusion croissante des femmes et de catégories sociales différentes incluant des populations peu diplômées dans le monde du travail ouvre de nouvelles opportunités au marketing de réseau, qui a souvent offert un environnement plus inclusif et flexible à ces groupes.

## L'impact des premiers succès dans le marketing de réseau

Le marketing de réseau se répand rapidement à travers le monde entier. Ce nouveau concept de distribution fait des émules. Plusieurs entreprises se créent et se développent, en particulier, dans les secteurs de la beauté et du bien-être.
Le succès fulgurant de ces sociétés, qu'elles soient américaines ou européennes, a contribué à faire connaître ce nouveau mode de commercialisation et a incité de nombreuses entreprises à travers le monde à se lancer sur ce modèle.
Outre Tupperware, voici quelques-unes des sociétés les plus emblématiques de cette époque :

- **Oriflame (Suède) – cosmétiques :** fondée en 1967, Oriflame est une entreprise spécialisée dans les cosmétiques. Sa commercialisation a débuté par la vente à domicile et a évolué vers le modèle de marketing de réseau. Présente dans soixante pays, la société a réalisé près de 0,9 milliard d'euros de chiffres d'affaires en 2022 (source : rapport annuel Oriflame 2022).

- **Vorwerk (Allemagne) – électroménager :** Vorwerk, connue pour ses aspirateurs Kobold et son robot de cuisine Thermomix, adapte son modèle de vente dans les années 1980 pour incorporer des éléments de marketing de réseau. Elle est devenue célèbre pour sa force de vente directe et ses démonstrations à domicile. La société a réalisé près de 3,2 milliards d'euros de chiffre d'affaires en 2022 à travers ses différentes activités (source : Vorwerk).

- **Nu Skin (États-Unis) – beauté, nutrition et appareils électroniques :** fondée en 1984, Nu Skin Enterprises est rapidement devenue une actrice majeure de l'industrie de la beauté et du bien-être grâce à son modèle de marketing de réseau. Spécialisée dans les produits de soins de la peau et de nutrition, Nu Skin se distingue par son innovation et sa technologie. En 1996, elle est introduite en Bourse sur le New York Stock Exchange. La société a réalisé 2,2 milliards d'euros de chiffre d'affaires en 2022 (source : Nu Skin).

- **Avon (Royaume-Uni) – beauté et parfumerie :** fondée en 1886 par David H. McConnell, Avon, dont le siège social est à Londres, opère à l'échelle mondiale dans le secteur des cosmétiques et de la parfumerie. En 2020, l'entreprise est la quatorzième plus importante société de beauté au monde et la deuxième plus grande entreprise de marketing de réseau avec 6,4 millions de représentants. En perte de vitesse depuis 2011, Avon est rachetée en 2019 par Natura & Co, une société brésilienne, constituant ainsi le quatrième groupe mondial dans la beauté, valorisé à 11 milliards de dollars.

- **Primerica (États-Unis) – services financiers :** Primerica, fondée en 1977 sous le nom de A.L. Williams & Associates, est une entreprise pionnière dans la vente directe de services financiers. Spécialisée dans l'assurance vie et les services financiers, elle a révolutionné le marché en se concentrant sur les besoins des familles de classe moyenne. En 2010, Primerica a réussi son introduction en Bourse, marquant une étape importante dans son développement. Aujourd'hui, Primerica gère plus de 5 millions de clients en Amérique du Nord et environ 2 milliards de dollars d'actifs.

Depuis les années 1980, de nombreuses sociétés se sont lancées sur le modèle de la vente à domicile ou du marketing de réseau. En France et en Belgique, on peut citer notamment Captain Tortue (mode), Charlott' (lingerie), Victoria (bijoux), H2O at Home (produits d'entretien), Elora (mode & accessoires) et iad (immobilier).

**Le marché du marketing de réseau traditionnel représente 175 milliards d'euros dans le monde en 2022, soit 30 % de la force de vente mondiale.**

## Du marketing de réseau au *social selling* (années 2000-2015)

Bien que le marketing de réseau existe depuis des décennies, le *social selling*, en tant que concept distinct du marketing de réseau, a commencé à émerger, dans les années 2000, avec l'émergence et la popularité des médias sociaux et la montée en puissance des plateformes numériques. Alors que le marketing de réseau repose sur la création de réseaux personnels et la vente directe de produits ou services, le *social selling* s'appuie principalement sur l'utilisation des réseaux sociaux et des plateformes numériques pour établir des relations et interagir avec des clients potentiels. Voici quelques points clés marquant l'évolution vers le *social selling* :

- **L'explosion du e-commerce et les nouveaux usages:** le marché mondial du e-commerce devrait atteindre un chiffre d'affaires de 6,38 milliards de dollars d'ici fin 2024, avec un taux de croissance annuel moyen de 7,9 %.

- **La popularisation des réseaux sociaux (dans les années 2000):** avec le lancement de LinkedIn en 2003, Facebook (Meta) en 2004, Twitter (devenu X en avril 2023) en 2006 et Instagram en 2010, les entreprises ont commencé à mesurer le potentiel de ces réseaux pour le marketing et la vente. Ces plateformes révolutionnent en effet la manière dont les sociétés de marketing de réseau interagissent avec leur public. Elles permettent de partager facilement du contenu, d'engager les clients potentiels et de construire des communautés en ligne.

- **Les smartphones et accès mobiles (fin des années 2000):** l'adoption massive des smartphones a facilité un accès constant aux réseaux sociaux, rendant le *social selling* encore plus accessible et pertinent.

- **L'évolution du comportement des consommateurs (années 2010):** les consommateurs ont commencé à s'appuyer davantage sur les médias sociaux pour obtenir des recommandations de produits et interagir avec les marques, ce qui rend les techniques de *social selling* plus efficaces que les méthodes traditionnelles de marketing de réseau, tant pour la vente que pour le développement d'une équipe de vendeurs. Il est désormais possible de toucher des prospects éventuels sur l'ensemble du territoire, et parfois même au-delà des frontières si la société a exporté son activité en dehors de son pays d'origine. En 2023, la recommandation d'un proche vient en tête des sources d'influence (71 %) dans l'achat, avant les avis clients (62 %), devenant ainsi le mode de vente le plus puissant bien avant la publicité.

## Le renouveau du *social selling* et l'ère des plateformes multimarques (années 2015 à aujourd'hui)

Aujourd'hui, comme cela a été le cas hier et le sera encore demain, le *social selling* est un immense terrain de jeu accessible à tous ceux qui souhaitent se lancer. D'abord utilisé par les marques et les professionnels, il devient désormais disponible au plus grand nombre (indépendants, micro-entrepreneurs) grâce à la démocratisation des nouvelles technologies.

De 2015 à 2020, on constate une forte montée en puissance des plateformes multimarques comme Amazon ou Alibaba vers lesquelles les entreprises se tournent pour élargir leur portée et vendre leurs produits à travers différents canaux. Le *social selling* a évolué pour inclure la création de boutiques en ligne sur ces plateformes, permettant aux marques et aux vendeurs professionnels de toucher un public plus large et de maximiser leurs opportunités de vente.

Au cours des dernières années, le *social selling* a mis l'accent sur la personnalisation et l'engagement, avec des vendeurs utilisant des données et des analyses avancées pour comprendre les besoins individuels des clients et leur offrir des produits et des services adaptés. Les entreprises ont investi dans des chatbots et des technologies d'intelligence artificielle pour automatiser les interactions avec les clients tout en maintenant un haut niveau de personnalisation. Les plateformes multimarques ont continué à innover, en créant des fonctionnalités telles que la réalité augmentée pour permettre à leurs clients d'essayer virtuellement des produits avant de les acheter.

Avec la pandémie de la Covid-19, le *social selling* s'est de plus en plus relié au commerce en ligne, avec des outils comme les boutons « Acheter maintenant » directement intégrés aux publications sur les réseaux sociaux. Les entreprises ont adopté une approche omnicanale, proposant aux clients d'acheter des produits via les réseaux sociaux, les boutiques en ligne et les magasins physiques, offrant ainsi une expérience d'achat transparente et cohérente. L'analyse des données est devenue essentielle, pour que les entreprises suivent le parcours d'achat des clients sur différentes plateformes et personnalisent leur stratégie de *social selling* en conséquence. Des plateformes telles que Jolimoi permettent aujourd'hui aux particuliers de se lancer et de bénéficier de toutes les avancées technologiques (outils de recommandation personnalisés, studio de réalité augmentée, intelligence artificielle) ainsi que de catalogues de marques pertinents pour entreprendre autrement.

## 11 faits marquants dans l'histoire du *social selling*

**1951**
Création de la société Tupperware Home Parties par Earl Tupper et Brownie Wise

**1967**
Création d'Oriflame en Suède, première société européenne de vente à domicile

**1970**
Internationalisation du modèle de vente à domicile vers l'émergence du marketing de réseau (Asie, Amérique latine)

**1980**
Démocratisation des PC (*personal computers*)

**1991**
Création du World Wide Web

**1996**
Introduction en Bourse de Nu Skin

**2000**
Début du *social selling*

**2004**
Création de Facebook

**2017**
Naissance de Jolimoi, première plateforme multimarques en *social selling* en Europe - #socialretailer

**2019**
Natura Brasil & Co rachète Avon constituant ainsi le quatrième groupe mondial dans la beauté valorisé à 11 milliards de dollars

**2023**
Accélération de l'accès aux modèles LLM et d'IA générative avec Open IA

L'œil de l'expert

## Nathalie Balla

Passionnée de mode, de design et de technologie, Nathalie Balla a redressé avec succès La Redoute et Relais Colis avec Éric Courteille et l'ensemble des collaborateurs de ces deux sociétés. En 2022, ils adossent La Redoute au groupe Galeries Lafayette et Relais Colis au groupe Walden.

**Qu'est-ce que le *social selling* évoque pour vous ?**

Le *social selling* est, à mon avis, une technique de vente ancestrale dont l'objectif est de cultiver des relations et de construire la confiance en partageant des contenus pertinents, en répondant aux questions et en engageant des conversations pour finalement convertir les « relations » en clients. Il diffère de la vente traditionnelle en ce sens qu'il s'agit moins de vendre de manière directe, et plus de bâtir des relations de confiance à long terme qui peuvent mener à des ventes. C'est un outil puissant dans une société où le lien social se perd et où la recommandation d'un pair a plus de valeur que la parole de la marque ou du distributeur.

**Avez-vous une histoire personnelle avec le *social selling* ?**

Depuis 2022, je suis investisseuse et j'accompagne Jolimoi dans son développement et ses orientations stratégiques en tant que *board member.*

**Quels sont, selon vous, les avantages les plus significatifs du *social selling* par rapport aux méthodes traditionnelles de vente ?**

L'avantage le plus puissant est celui du lien et de la recommandation personnalisée. Il permet d'obtenir une capillarité du réseau de vente beaucoup plus rapide et donne aux vendeurs accès à une source de revenus qu'ils peuvent impacter directement par leur engagement.

**Le *social selling* est-il applicable dans tous les domaines ?**

Je pense qu'il est applicable dans quasiment tous les domaines de la grande consommation : maison et décoration, électroménager, prêt-à-porter, cosmétiques, seconde main… Il est certainement moins pertinent pour vendre des centrales nucléaires ou des usines !

### Quel est l'impact du *social selling* sur le paysage commercial actuel ?

Il permet la personnalisation des interactions de vente et la recommandation sur la base d'une expérience vécue. Grâce à l'interaction directe avec les clients, les entreprises peuvent mieux comprendre leurs besoins spécifiques et adapter plus rapidement leur offre en conséquence. Le *social selling* raccourcit également le cycle de vente car il facilite une communication rapide et efficace. Les interactions en temps réel et la capacité à répondre rapidement aux questions ou préoccupations des clients peuvent mener à des décisions d'achat plus rapides et en confiance. Le succès du *social selling* dépend néanmoins fortement de la qualité, de la pertinence et de l'authenticité du contenu partagé, ainsi que des conseils donnés.

### De quelle manière le *social selling* a-t-il modifié la relation clients ?

Le *social selling* donne le pouvoir aux consommateurs en les éduquant et en leur donnant les moyens d'échanger de manière très personnalisée avec les vendeurs dans une relation de confiance à long terme. Le vendeur étant proche de ses clients, il est plus attentif à la qualité du service et des réponses apportées. Les clients sont, par ailleurs, davantage en mesure d'influer sur la sélection du catalogue produits des marques et des distributeurs, et plus éclairés dans leurs choix de consommation.

### Comment voyez-vous le *social selling* à horizon 2050 ?

D'ici 2050, le *social selling* devrait s'être développé dans toutes les branches du *retail*, pas uniquement celles de la cosmétique et des Tupperware. Il pourrait connaître des évolutions radicales, façonnées par les avancées technologiques, les changements sociétaux et l'innovation continue. Les plateformes de *social selling* pourraient intégrer la réalité virtuelle (RV) et la réalité augmentée (RA) pour créer des expériences d'achat immersives, ce qui permettrait aux clients d'explorer des produits ou des services dans un environnement virtuel interactif, menant ainsi à une nouvelle ère d'essai de produit avant achat. La technologie blockchain autoriserait de ce fait un *social selling* plus transparent et sécurisé, où les transactions et les interactions seraient enregistrées de manière indélébile. Cela pourrait également aider à gérer les droits d'auteur et la propriété intellectuelle des contenus créés pour le *social selling*. Avec l'évolution des technologies de communication, le *social selling* pourrait devenir encore plus globalisé, permettant des interactions instantanées entre vendeurs et clients du monde entier, sans les barrières de la langue grâce à des traductions en temps réel. Les questions éthiques et les besoins de régulation pourraient devenir plus prégnants, nécessitant des lois et des normes strictes pour gérer l'utilisation des données personnelles, l'influence de l'IA dans les décisions d'achat et la protection de la vie privée.

# Testez vos acquis sur ce chapitre en faisant ce quiz

**1. En quelle année le modèle de la vente à domicile a-t-il réellement commencé à se développer ?**

A. En 1946

B. En 1951

C. En 1954

**2. Quelle est la première femme à avoir fait la couverture du magazine *Business Week* ?**

A. Brownie Wise

B. Madonna

C. Estée Lauder

**3. Quel est le secteur qui a fait naître le plus de sociétés en vente directe à domicile ?**

A. La mode

B. Les ustensiles de cuisine

C. Les cosmétiques

**4. Quelle est la taille du marché du marketing de réseau en 2022 ?**

A. 75 milliards de dollars

B. 175 milliards de dollars

C. 250 milliards de dollars

**5. Quelle innovation technologique a favorisé l'essor du *social selling* ?**

A. Le réfrigérateur

B. Le World Wide Web

C. Les trottinettes électriques

**6. Quelle société, fondée en Europe, réalise aujourd'hui près de 1 milliard d'euros de CA en marketing de réseau ?**

A. Oriflame

B. Amway

C. Tupperware

**7. Quelle est la différence entre la vente à domicile traditionnelle et le marketing de réseau ?**

A. La méthode de présentation des produits

B. Le type de produits vendus

C. La vente à domicile se consacre à la vente de produits au consommateur, alors que le marketing de réseau se consacre à la vente de produits au consommateur et au recrutement d'autres vendeurs.

**8. À quelle époque fait-on remonter la naissance du *social selling* ?**

A. Aux années 1980

B. Aux années 2000

C. Aux années 2010

**9. Quel est l'un des éléments clés du *social selling* ?**

A. L'utilisation de la puissance des réseaux sociaux et des nouveaux modes de communication comme accélérateur de business
B. Une présence exclusive aux Etats-Unis et en Asie
C. La vente exclusive de produits de beauté

**10. L'intelligence artificielle sonne-t-elle la fin du *social selling* ?**

A. Oui, assurément
B. On ne sait pas, mais il est possible qu'il n'y ait plus de recommandation humaine.
C. Non, le modèle va tirer profit de cette nouvelle technologie.

**1/** A (0 pt), B (1 pt), C (0 pt); **2/** A (1 pt), B (0 pt), C (0 pt);
**3/** A (0 pt), B (0 pt), C (1 pt); **4/** A (0 pt), B (1 pt), C (0 pt);
**5/** A (0 pt), B (1 pt), C (0 pt); **6/** A (1 pt), B (0 pt), C (0 pt);
**7/** A (0 pt), B (0 pt), C (1 pt); **8/** A (0 pt), B (0 pt), C (1 pt);
**9/** A (1 pt), B (0 pt), C (0 pt); **10/** A (0 pt), B (0 pt), C (1 pt).

## Résultats

**Vous avez obtenu entre 8 et 10 points**
↓
Bravo ! Vous connaissez les fondamentaux du métier. Vous pourrez expliquer ses origines sans problème.

**Vous avez obtenu entre 5 et 7 points**
↓
Quelques notions ont besoin d'être revues pour que vous soyez le plus crédible possible pour parler de cette activité.

**Vous avez obtenu entre 0 et 4 points**
↓
Ce n'est pas suffisant, vous pouvez relire le chapitre et refaire ensuite le test. L'important, c'est que vous soyez à l'aise avec les fondamentaux de l'histoire du *social selling.*

### Ressources pour aller plus loin

***La Saga Tupperware***, Bénédicte Jourgeaud (auteur), Denis Gruet (préface), Paris, le cherche midi éditeur, 2009.

***« La France Bouge »***, Élisabeth Assayag, Europe 1, 24 octobre 2022. Aurélia Clot parle de *social selling* avec Jolimoi. Podcast disponible au format vidéo sur YouTube.

# 2

# *Social seller*, un métier à part entière

Dans ce chapitre, vous apprendrez ce qu'est
le métier du *social seller* et aussi… ce qu'il n'est pas.
Vous serez surpris de découvrir le nombre
d'idées préconçues qui entourent ce nouveau métier.
À l'issue de votre lecture, vous serez capable
de répondre aux objections et de le différencier
du marketing de réseau et de l'influence marketing.

# Introduction

Le *social selling* est une nouvelle forme de commerce qui s'appuie principalement sur les médias sociaux pour initier les premières interactions avec des clients potentiels. Il ne s'agit pas uniquement de vendre un produit ou un service, mais bien de créer des connexions et d'interagir de manière significative, pertinente et personnalisée avec les consommateurs afin de leur faire des recommandations. Ces échanges et ces relations se poursuivent alors via différents canaux : messageries, appels téléphoniques, e-mails, SMS, visioconférences, live shopping via des applications dédiées ou des rencontres physiques.

Les *social sellers*, ceux qui pratiquent ce nouveau métier, sont avant tout intéressés par le conseil et la vente via la recommandation de produits à leurs clients. Leur objectif est de créer du lien et une relation interpersonnelle avec leurs interlocuteurs. Si les réseaux sociaux sont le mode d'engagement principal avec le client, de nombreuses conversations démarrent dans la vie de tous les jours : au café, sur le lieu de travail, à la sortie de l'école des enfants, à la salle de sport, chez les commerçants ou chez le médecin.

Pas besoin de connaître les réseaux sociaux pour se lancer. Les *social sellers* ne sont ni des influenceurs ni de simples affiliés. Leur objectif est de développer un business en créant des liens forts et authentiques, en proposant des produits adaptés aux besoins de leurs interlocuteurs. Ils gagnent de l'argent grâce à des relations commerciales et jouent un rôle essentiel dans l'expérience d'achat du client, allant du conseil au suivi en passant par la vente.

Le contenu qu'ils peuvent être amenés à créer est un plus, une expertise leur permettant de fidéliser les clients existants ou d'en attirer de nouveaux, mais ce n'est pas le moteur premier de leur activité. Pour autant, l'évolution des modes publicitaires et de communication des marques reflète un changement significatif dans la manière dont les entreprises interagissent avec les consommateurs. Le *social selling* s'inscrit dans ces nouvelles tendances de *direct to consumer* sans pour autant se confondre avec l'influence marketing. Inversement, on peut imaginer qu'une grande partie des influenceurs actuels auront envie d'évoluer vers le *social selling* afin d'élargir leur potentiel business.

De 1950 aux années 1990, la communication des marques était unidirectionnelle via les médias traditionnels. Avec la naissance d'Internet et des médias sociaux dans les années 2000, elle devient bidirectionnelle. Depuis les années 2010, l'émergence des micro- et nano-influenceurs a transformé la communication en un modèle horizontal et décentralisé où les consommateurs jouent un rôle actif dans la création et la diffusion du message de la marque.

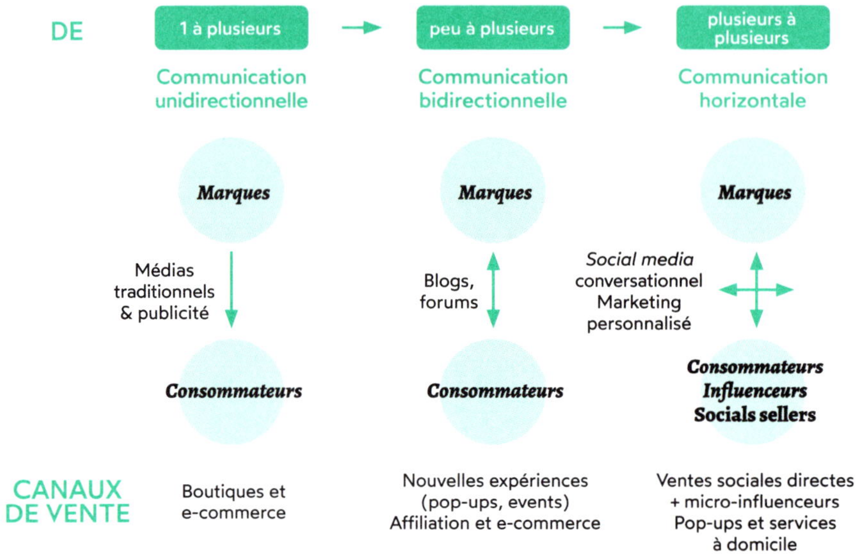


## Cinq grandes périodes marquent cette évolution d'une communication unidirectionnelle (*top down*) à un modèle horizontal et décentralisé

- **La communication unidirectionnelle (années 1950-1980):** à cette époque, les marques communiquent principalement de manière unidirectionnelle. La publicité est diffusée via des médias traditionnels comme la télévision, la radio, les journaux ou l'affichage. Considérées comme des autorités, les marques imposent les tendances et les besoins des consommateurs sans beaucoup de rétroaction directe.

- **L'ère des forums et des blogs (fin des années 1990-2000) :** avec l'avènement d'Internet, la voix des consommateurs obtient plus d'écho. Les forums en ligne et les blogs permettent aux individus de partager leurs opinions et expériences sur les produits et les marques, amorçant ainsi un dialogue entre ces dernières et les consommateurs.

- **Les médias sociaux (années 2000-2010) :** l'émergence des médias sociaux a transformé la communication en une conversation à deux sens. Les plateformes comme Facebook, X (ex-Twitter) et Instagram ont permis aux consommateurs de s'exprimer directement et publiquement, tandis que les marques les utilisaient pour interagir, recevoir des retours et construire des communautés.

- **Le marketing d'influence (depuis le milieu des années 2010) :** les influenceurs, avec leurs audiences sur les médias sociaux, sont devenus des intermédiaires clés entre les marques et les consommateurs. Ce domaine a évolué vers les micro- et nano-influenceurs, c'est-à-dire des individus avec des audiences plus petites, mais très engagées, qui s'imposent depuis plusieurs années. Ce modèle peer-to-peer a renforcé la crédibilité et l'authenticité de la communication de marque.

Cette évolution illustre le passage d'un modèle de communication centralisé et verticalisé, où les marques contrôlaient le message, à un modèle plus décentralisé et horizontal, où les consommateurs et les pairs jouent un rôle actif dans la diffusion et la discussion autour des marques et de leurs produits.

**Le terme « blog » est une contraction de « weblog » qui a été utilisée pour la première fois par Jorn Barger en 1997. Cependant, le concept de tenir un journal en ligne est un peu plus ancien. Le premier blog tel que nous le connaissons aujourd'hui est souvent attribué à Justin Hall, un étudiant américain, qui a commencé à publier son « Links.net » en 1994. Il documentait sa vie personnelle, ses voyages et ses intérêts sur son site Web, créant ainsi une forme primitive de blog.**

# De l'influence au *social selling*

## L'influenceur

Un influenceur est un individu qui possède une certaine notoriété et un pouvoir d'influence sur un groupe de personnes, souvent via les réseaux sociaux ou d'autres plateformes en ligne. Il crée et partage du contenu qui engage son audience, que ce soit sous forme de posts, de vidéos, de blogs, ou d'autres médias. Sa capacité à influencer les opinions, les comportements et les décisions d'achat de son audience le rend attrayant pour les marques, qui le sollicitent pour promouvoir leurs produits ou services.

Depuis 2010, la création de contenus et l'inspiration par des contenus viraux sur les réseaux sociaux sont devenues accessibles à tous grâce à leur popularité et à la simplification des outils. Cela a conduit à une augmentation de l'influence, notamment à travers les micro- et nano-influenceurs.

Les types d'influenceurs varient en fonction de la taille de leur audience et de leur domaine d'expertise :

- Macro-influenceurs : ils ont une très large audience, souvent composée de centaines de milliers, voire de millions de followers. Ce sont généralement des célébrités ou des personnalités publiques.

- Micro-influenceurs : ils ont une audience plus restreinte, souvent entre 5 000 et 100 000 followers, mais avec un taux d'engagement plus élevé. Ils sont perçus comme plus authentiques et plus proches de leur communauté.

- Nano-influenceurs : ils ont encore moins de followers, généralement moins de 5 000, mais sont très spécialisés dans un domaine particulier et ont une relation très personnelle avec leur audience.

Les influenceurs peuvent travailler avec des marques en échange d'une rémunération, de produits gratuits ou d'autres formes de compensation. Leur rôle est de créer du contenu attrayant et authentique qui met en avant les produits ou services de la marque, dans le but d'inciter leur audience à s'y intéresser et à les acheter.

Ces différents types d'influenceurs qui sont classifiés selon leur nombre d'abonnés.

| DÉNOMINATION DE L'INFLUENCEUR | TAILLE DE LA COMMUNAUTÉ | TARIFICATION |
|---|---|---|
| CÉLÉBRITÉ | > 700 000 followers | Sur devis |
| MACRO-INFLUENCEUR | 30 000 à 700 000 followers | Variable en fonction de l'audience et du taux d'engagement, jusqu'à 4 000 € par post |
| MICRO-INFLUENCEUR | 5 000 à 30 000 followers | 50 € à 500 € par publication |
| NANO-INFLUENCEUR | 500 à 5 000 followers | |

En France, on dénombre 150 000 influenceurs. Rares sont ceux, généralement représentés par des agents, qui gagnent plusieurs centaines de milliers d'euros par an. La majorité des influenceurs en France sont des micro-influenceurs (62 %). Ils exercent sur des plateformes telles qu'Instagram, Snapchat, Facebook, YouTube, Twitch, LinkedIn... Ces plateformes sont classées différemment selon les audiences visées et ont chacune des modes de rémunération qui peuvent varier. Ainsi, de nombreux créateurs de contenus sur YouTube, par exemple, évoluent-ils vers d'autres plateformes plus rémunératrices. Aujourd'hui, les influenceurs les plus convoités par les marques sont les nano-influenceurs (source : Meltwater).
La majorité des *social sellers* réussissent leur business en tant que nano-influenceurs ou micro-influenceurs. Ce qui compte dans cette activité, ce n'est pas le nombre d'abonnés (cette mesure est plus appropriée lorsque l'on vend une audience à une marque, comme le font les influenceurs), mais la capacité à initier des interactions pertinentes et de l'engagement avec ses abonnés afin de leur proposer un service ou un produit.

| NOMBRE D'ABONNÉS | RÉMUNÉRATION MOYENNE PAR POST |
|---|---|
| Moins de 10 000 abonnés | 193,74 $ |
| 10 000 à 19 999 | 273,82 $ |
| 20 000 à 29 999 | 311,31 $ |
| 30 000 à 39 999 | 377,56 $ |
| 40 000 à 49 999 | 517,91 $ |
| 50 000 à 59 999 | 744,45 $ |
| 60 000 à 69 999 | 750,00 $ |
| 70 000 à 79 999 | 809,00 $ |
| 80 000 à 89 999 | 1 001,00 $ |
| 90 000 à 300 000 | 1 221,00 $ |
| À partir de 1 million | 3 000,00 $ |

## L'affilié

L'affiliation, apparue en 1996, s'est rapidement imposée comme une stratégie de marketing digitale. Les marques y ont vu une opportunité pour promouvoir leurs produits, services ou image de manière authentique et en basant la rémunération de l'affilié sur ses performances plutôt que sur sa notoriété et la taille de sa communauté. De nombreuses plateformes d'affiliation ont alors émergé pour faciliter les relations entre marques et influenceurs, tout en sécurisant les échanges contractuels et financiers.
Le rôle de l'affilié consiste à créer et à partager du contenu qui met en avant ces produits ou services, souvent en intégrant aux communications un lien d'affiliation unique qui permet à l'entreprise de suivre les ventes générées grâce à lui. Les affiliés choisissent généralement des produits ou services qui correspondent à leurs centres d'intérêt ou à ceux de leur audience afin de garantir une promotion authentique et efficace. Contrairement aux *social sellers*, les affiliés n'interagissent pas directement avec les clients ni ne s'occupent des aspects liés à l'expérience ou au parcours d'achat des clients. Leur principal objectif est de générer du trafic et des ventes pour l'entreprise par le biais de leur propre réseau et leur propre contenu.

## Influenceur *vs* affilié, quelles différences ?

La principale différence entre un influenceur et un affilié réside dans leur interaction avec l'audience, leur mode de rémunéra-

tion et leurs priorités. Les influenceurs se concentrent sur l'augmentation de la notoriété et de l'engagement. Ils ont souvent une relation plus personnelle et engagée avec leur audience, tandis que les affiliés se concentrent davantage sur la génération de ventes et de conversions de clics.
En termes de rémunération, les influenceurs peuvent être payés par les marques pour leurs publications, recevant souvent une somme fixe pour le contenu publié, alors que les affiliés sont rémunérés à la performance, en fonction des ventes ou des actions générées par leurs liens.
Enfin, les influenceurs travaillent généralement en partenariat direct avec les marques pour des campagnes spécifiques, tandis que les affiliés peuvent promouvoir plusieurs marques et produits de manière plus indépendante. Leurs contenus (blogs, vidéos, avis, produits) sont axés sur la promotion et l'incitation à l'achat.
Les uns comme les autres n'interviennent pas dans le parcours d'achat du client qu'ils ont généré. Avec le développement de la nano- et de la micro-influence et la volonté des marques de mesurer les performances, leurs rôles vont de plus en plus être amenés à se chevaucher et à se confondre.

## Le *social seller*

Le métier de *social seller* est l'évolution directe des métiers de conseil et de vente par recommandation vers de nouveaux modes d'interaction et de communication avec le client, en particulier via les réseaux sociaux et les messageries. Le *social seller* interagit directement avec un client pour lui recommander des produits ou services adaptés à ses besoins. Ce métier nécessite des échanges personnalisés avec les clients potentiels, par téléphone ou via des plateformes de communication en ligne. Une écoute active est nécessaire pour comprendre leurs besoins, leurs préférences et leurs préoccupations, afin de personnaliser la recommandation. Un suivi individuel est assuré pour garantir la satisfaction du client, recueillir des commentaires et éventuellement proposer des services supplémentaires.
Considérant que chaque client est unique, cette approche met l'accent sur la qualité plutôt que sur la quantité. Elle offre une expérience plus personnalisée et favorise la construction de relations à long terme, ce qui peut être particulièrement efficace dans des secteurs où la confiance et la compréhension profonde des besoins du client sont essentielles.

Le métier de *social seller* peut s'exercer de deux manières :

- **soit en solo,** en sélectionnant des produits ou services qu'il souhaite vendre à un client final, prenant ainsi en charge tout le processus de vente, du sourcing des produits ou services qu'il va promouvoir jusqu'à la livraison et le service après-vente ;

- **soit adossé à un partenaire,** à partir de produits et services qu'il souhaite recommander en s'associant à une marque (*social seller* monomarque), par exemple, ou à une entreprise de *social retailing* qui propose un catalogue de plusieurs marques (*social seller* multimarques). Dans ce cas, en plus de la vente traditionnelle, il a également, la plupart du temps, la possibilité d'endosser un rôle de manager pour lequel il perçoit une rémunération liée au chiffre d'affaires réalisé par l'équipe de vendeurs qu'il a recrutés et qu'il accompagne. Chaque société détermine via son plan de rémunération les conditions et les pourcentages rétribués tant sur les ventes que sur le développement et le management d'équipe. Vous trouverez plus de détails sur les différences entre l'option solo ou en partenariat dans le chapitre 5 du présent ouvrage.

## En résumé

L'influence et l'affiliation ont souvent par le passé été étroitement liées. Il était courant de voir un influenceur s'affilier à une ou plusieurs marques pour stimuler les ventes ou faire connaître un produit, obtenant ainsi une rémunération directement liée au volume de ventes réalisées, plutôt qu'un forfait lié aux contrats d'influence. De la même manière, les nano-influenceurs, au vu des résultats de leur affiliation et de l'augmentation de leur nombre d'abonnés, se voient de plus en plus proposer des contrats d'influence par les marques.
En revanche, le lien avec le *social selling* était bien plus rare, voire inexistant. Cependant, la place prise par la e-réputation, le développement de l'influence responsable et l'engagement de plus en plus fort pour une consommation raisonnable et raisonnée sont en train de modifier cette tendance. Par souci de transparence et de maintien de la confiance avec leur communauté, les influenceurs comme les affiliés souhaitent de plus en plus prendre part à l'expérience d'achat des clients qu'ils convertissent. Ils sont conscients que par le lien qu'ils entretiennent avec leurs followers, même s'ils n'interagissent pas dans le parcours d'achat du client, leur responsabilité et leur crédibilité sont engagées en cas d'expérience décevante.

Le métier de *social seller* attire de plus en plus de candidats. Que ce soit pour financer sa propre consommation ou gagner un revenu supplémentaire, répondre à des besoins spécifiques ou créer une source alternative de revenus, il offre une flexibilité appréciée. Après les confinements de 2020, la quête de liberté et d'autonomie s'est intensifiée, poussant de nombreux individus à envisager le travail en ligne. Cependant, même avec un bon soutien, se lancer peut sembler effrayant. Voici quelques doutes fréquents rencontrés par ceux qui envisagent de se lancer.

## Les principales objections au métier de *social seller*

Le *social selling*, bien que de plus en plus populaire, suscite encore certaines objections de la part des professionnels, des clients potentiels et même des membres d'une équipe de vente.

- **Je n'y arriverai pas, je ne sais pas vendre.** Le *social selling* ne se limite pas à des compétences de vente traditionnelles. Il s'agit avant tout d'une approche axée sur la construction de relations. Si vous êtes capable d'engager des conversations, de partager des informations utiles et de développer des relations authentiques, vous possédez déjà des compétences clés pour devenir *social seller*. En outre, des formations spécifiques peuvent vous aider à perfectionner vos compétences de vente au fil du temps. De nombreuses sociétés de *social selling* proposent des formations et outils à leur réseau d'indépendants, afin de les faire monter en compétence, tant du côté métier que de celui des produits.

- **On ne gagne pas d'argent avec le *social selling*.** De nombreux professionnels du *social selling* ont réussi à générer des revenus significatifs en construisant des relations solides et en identifiant des opportunités d'affaires. Le *social selling* offre un potentiel de revenu variable. Avec un engagement constant et une approche stratégique, vous pouvez tout à fait réaliser des gains importants. De plus en plus de *social seller*s ont fait de cette activité leur principale, voire exclusive, source de revenus. Il est de plus en plus courant de voir de belles reconversions professionnelles dans l'univers de la vente par recommandation. La clé pour gagner de l'argent réside également dans le choix du partenaire avec lequel vous exercez ce métier.

- **Le *social selling* est réservé aux jeunes.** L'âge n'est pas un prérequis pour pratiquer le *social selling*. Si vous ne vous sentez pas à l'aise sur les réseaux sociaux, vous pouvez tout à fait commencer par développer votre activité en physique, tout en vous formant à l'utilisation des médias sociaux. Il n'est pas nécessaire de tous les maîtriser. La plupart des *social seller*s n'en utilisent qu'un ou deux. La facilité d'utilisation des interfaces utilisateur, en constante amélioration, les rend accessibles à un public plus large, y compris à ceux, plus âgés, qui ne sont pas aussi familiers avec les technologies numériques que les plus jeunes. En outre, l'expérience et la maturité peuvent être des atouts pour établir des relations professionnelles durables. L'essentiel est d'adapter votre approche en fonction du public ciblé.

**Deux des réseaux les plus utilisés en *social selling* sont Instagram et Facebook. Sur Facebook, on constate une très forte présence des 40 ans et plus. La plupart des utilisateurs d'Instagram ont entre 18 et 35 ans. TikTok est en train de prendre une part importante de marché, notamment chez les plus jeunes. Chez Jolimoi, spécialiste du *social retailing*, l'âge moyen des *social sellers* est de 35 ans, allant de 18 à 75 ans.**

- **Il faut déjà être expert et formé dans le domaine et les produits sur lesquels on souhaite travailler.** Au début, la recommandation se base sur le partage de l'expérience consommateur : si vous avez testé un produit qui vous plaît et qui s'est avéré efficace, vous le recommandez autour de vous. Aucune nécessité d'être un expert dans ce domaine. L'authenticité et la volonté d'apprendre sont plus importantes. Vous développerez vos compétences et connaissances en posant des questions et en vous formant pour en apprendre davantage, et ainsi construire votre expertise au fil du temps. Il s'agit avant tout de créer des connexions avec les autres plutôt que d'être un expert absolu.

- **Il est nécessaire d'être présent sur les réseaux sociaux pour développer cette activité.** Bien que les réseaux sociaux soient un élément clé du *social selling*, cela ne signifie pas que cette activité ne peut pas se développer grâce aux interactions en personne. En effet, le *social selling*, non content d'utiliser les médias sociaux pour élargir votre réseau et renforcer vos relations, peut également bénéficier des interactions en face-à-face qui permettent de créer des connexions plus profondes et de renforcer la confiance entre vendeurs et clients potentiels. Ainsi, le *social selling* complète et enrichit les méthodes traditionnelles de vente en utilisant une approche combinée qui tire parti à la fois des médias sociaux et des interactions en personne.

- **C'est une activité réservée aux femmes.** Bien que le *social selling* se soit développé à l'origine essentiellement autour des femmes (voir chapitre 1), il s'est désormais imposé dans une variété de domaines tels que la mode, la beauté, les voyages, le fitness et les services. Ainsi, il offre des opportunités commerciales à tous, indépendamment du genre. La réussite, dans cette approche, dépend de compétences telles que la capacité à communiquer, à construire des relations et à comprendre les besoins des clients, qui ne sont en aucun cas liées au sexe de la personne qui la pratique. Choisissez un domaine qui vous intéresse, ou mieux, qui vous passionne, dans lequel vous souhaitez apprendre et partager vos expériences ainsi que l'expertise acquise au fil du temps.

- **Les *social sellers* sont des vendeurs traditionnels.** Les *social sellers* sont bien plus que cela. Ce sont des vendeurs modernes qui utilisent les médias sociaux et les interactions personnelles du quotidien pour établir des relations solides avec leurs clients potentiels. Grâce à cette approche, ils parviennent à influencer positivement les décisions d'achat de leurs prospects. Pour réussir en tant que *social seller*, il est nécessaire de développer des compétences en techniques de vente, mais l'aspect relationnel reste le pilier central de cette pratique novatrice.

- **Cela ne fonctionne pas dans les grandes villes.** Les grandes villes sont des centres de diversité culturelle et professionnelle. Le *social selling* permet de toucher une audience variée, créant des opportunités commerciales avec des individus de divers milieux. En ciblant des groupes ou événements locaux sur les réseaux sociaux, vous pouvez renforcer vos connexions locales et soutenir des initiatives. Les grandes villes concentrent des talents et des ressources. Le *social selling* aide à identifier des experts dans divers domaines et à collaborer avec eux. Enfin, ces villes offrent un marché plus vaste et une meilleure visibilité pour vos produits et services. Le *social selling* représente aujourd'hui une alternative crédible aux commerces traditionnels qui souffrent et permet aux clients d'être conseillés lorsqu'ils le souhaitent, et ce, même en dehors des horaires d'ouverture. Dans les grandes villes, le rythme effréné et les problématiques de déplacement font évoluer les modes de consommation et ouvrent la voie à de nouvelles interactions et conversations en ligne et en personne avec un *social seller*.

- **Je suis trop compétent pour exercer cette profession.** La compétence peut être un avantage dans le *social selling* en vous permettant de générer du contenu de qualité et d'établir des relations avec des professionnels qualifiés dans votre domaine. Le *social selling* n'est pas limité à un certain niveau de qualification, il convient à toutes les expériences et formations. En outre, la diversité des compétences et des connaissances peut enrichir votre approche par l'apport d'une perspective unique et innovante à vos stratégies et à vos interactions.

## En conclusion

L'influence et l'affiliation ont popularisé l'utilisation des réseaux sociaux pour promouvoir les marques et stimuler les ventes. Cette méthode attire ceux qui recherchent liberté et indépendance, une augmentation de leur pouvoir d'achat, la création et le maintien d'un lien de confiance avec leur communauté en promouvant des produits alignés avec leurs valeurs.

Les sociétés de marketing de réseau ont adopté cette tendance, permettant à leurs distributeurs d'atteindre un public plus large. Le *social selling*, un nouveau métier, permet à tous, indépendamment de leur expérience, de lancer leur business en établissant des relations personnelles authentiques et en répondant aux besoins des clients. La confiance et la relation personnelle sont les clés du succès.

Le travail en ligne évite la saturation du marché local et permet de toucher des audiences spécifiques au-delà de la concurrence environnante.

Vous l'aurez compris, le marché du *social selling* est en pleine expansion et dispose d'un potentiel infini. La question que vous devez vous poser, maintenant que vous avez une idée précise du potentiel de ce business, est de savoir s'il vous convient.

| | INFLUENCEUR | *SOCIAL SELLER* |
|---|---|---|
| Instagram | x | x |
| TikTok | x | x |
| LinkedIn | x | x |
| Facebook | x | x |
| Snapchat | x | x |
| Pinterest | x | x |
| Création de contenus | x | x |
| 0 à 1 000 followers | x | x |
| 1 000 à 5 000 followers | x | x |
| 5 000 à 10 000 followers | x | x |
| 10 000 à 30 000 followers | x | x |
| 30 000 à 100 000 followers | x | x |
| > 100 000 followers | x | x |
| Activité reconnue et encadrée par la loi | x | x |
| Soumis à la loi sur l'influence commerciale | x | x |
| Responsable de la vente au client | | x |
| En charge du suivi de l'achat | | x |
| Fidélisation de l'acheteur (client) | | x |
| Revenus récurrents | | x |
| Possibilité de développer et manager une équipe | | x |
| Rémunération fixe sur la création de contenus | x | |
| Rémunération variable à la performance | x | x |
| Revenus exclusivement à la performance et non plafonnés | | x |
| Liberté totale dans la création de contenus et sur les messages mis en avant | | x |

L'œil du terrain

## Audrey Perez et Carole Kournwsky

Audrey Perez et Carole Kournwsky ont fondé et dirigent L'Agence des Copines. Elles sont également, depuis 2022, *social sellers* indépendantes au sein de la société Jolimoi, dans laquelle elles ont atteint des positions de managers d'équipes.

**Pouvez-vous, en quelques mots, nous parler de votre rencontre et de votre parcours ?**
En 2018, nous nous sommes rencontrées à une fête. Audrey, nouvellement maman, avait récemment commencé une activité en marketing de réseau sur les réseaux sociaux après des années d'activité professionnelle en boîte de nuit. Elle voulait pouvoir éduquer son fils et a trouvé une solution pour travailler de chez elle tout en gardant un revenu mensuel.
Je suis, de mon côté, maman d'une petite fille. J'étais directrice de boutiques de prêt-à-porter sur la Côte d'Azur, mais le rythme effréné me privait de temps avec elle. Je voulais entreprendre, mais je manquais d'idées et de fonds pour démarrer. Ce jour-là, en discutant avec Audrey de nos vies professionnelles respectives, j'ai décidé de la rejoindre dans son activité. Depuis nous travaillons ensemble, développant notre activité sur les réseaux sociaux et faisant connaître le marketing relationnel à d'autres femmes.

**Pouvez-vous nous expliquer ce qu'est L'Agence des Copines ?**
L'Agence des Copines propose des formations Instagram pour entrepreneurs, aidant les « solopreneures » à en faire leur principal canal d'acquisition client. Nous accompagnons divers secteurs, de la haute joaillerie aux instituts de beauté. Notre objectif est de faire performer nos clients sur Instagram afin qu'ils puissent générer davantage de revenus.

**Pourquoi avez-vous choisi d'exercer l'activité de *social seller* en plus de celle de L'Agence des Copines ?**

**Audrey :** Grâce à notre expérience en marketing de réseau, nous avons acquis les compétences pour devenir de bonnes coachs Instagram. Sans nos années de pratique sur Instagram avec nos équipes, nos formations n'auraient pas été aussi efficaces.

**Carole :** À la création de L'Agence des Copines, nous n'avons pas envisagé d'arrêter le marketing de réseau. Nous voyons l'entrepreneuriat comme la gestion de plusieurs projets cohérents entre eux. Le *social selling* étant un modèle de business facile à mettre en place, il était logique pour nous de poursuivre nos deux activités en parallèle. En 2022, nous avons choisi de quitter notre partenaire de longue date pour rejoindre Jolimoi, séduites par son modèle innovant de *social selling*.

**On peut dire que votre parcours est un bel exemple de réussite entrepreneuriale dans le *social selling*. Pouvez-vous nous dire combien vous gagnez en moyenne chaque mois ?**

Nous gagnons entre 10 000 et 15 000 euros chacune par mois, résultat de plus de six ans d'expérience. Ce revenu n'est pas immédiat et ne s'applique pas nécessairement à tous. Cependant, notre plan de carrière n'est pas exceptionnel. Nous avons accompagné environ 2 000 personnes gratuitement dans notre ancien marketing de réseau, et plus de 1 000 clients depuis 2022 à L'Agence des Copines.

**Pour vous, quelle est la différence entre l'influence marketing et le *social selling* ?**

Un influenceur est rémunéré par une marque pour créer un contenu (image, vidéo, etc.) : l'objectif de cette collaboration commerciale est que la marque se fasse connaître et gagne en visibilité et notoriété. Le discours de l'influenceur est souvent dicté par la marque via un brief ; il dirige son audience sur le produit, site ou le compte de la marque en question. Peu importe les retombées pour la marque, son cachet est fixe.

Un *social seller* est un conseiller qui choisit et sélectionne les marques qu'il désire recommander. Il se forme et passe des certifications (parfois obligatoires) pour pouvoir proposer les produits qu'il souhaite avoir dans sa boutique en ligne. Il échange avec ses prospects afin de trouver pour eux la meilleure proposition produit en fonction de leurs besoins. La notion de « styliste » chez Jolimoi illustre bien ce concept de « trouver ce qui ira le mieux à sa cliente, ou client ». Un *social seller* est rémunéré au variable en fonction des ventes générées par ses recommandations, et sa rémunération n'est pas plafonnée. Il n'a pas besoin d'avoir une énorme audience sur les réseaux sociaux et peut même développer son activité en personne sur le terrain. Il ne dépend pas de sa notoriété en ligne.

**Pouvez-vous nous citer des exemples de personnes que vous accompagnez qui étaient influenceurs et sont devenus *social sellers* ?**

Clémence Marchadour, par exemple, est une influenceuse qui s'est construit une communauté Instagram de plus de 132 000 followers en partageant son parcours et son expérience sur ses troubles alimentaires et sa perte de poids. Devant les très nombreuses demandes de conseils relatifs à des compléments alimentaires soutenant une démarche de perte de poids, elle a choisi de devenir *social seller* afin de se professionnaliser sur le sujet. Ainsi, elle propose des vrais bilans à son audience afin de leur concevoir des routines produits personnalisées, avec des produits et des marques sur lesquels elle est formée et certifiée. Dans ce cadre-là, elle travaille avec les entreprises qu'elle a choisies de manière permanente.

**Comment les métiers d'influenceur et de *social seller* vont-ils évoluer ?**

Ils vont devenir de plus en plus complémentaires. Les influenceurs vont se professionnaliser et recommander en conscience, car c'est ce qu'attendent leurs abonnés. Ils vont chercher des produits différents en fonction des besoins et de la saisonnalité et ne plus vouloir être dépendants des marques (d'ailleurs, certains créent désormais leurs propres marques). La nouvelle loi sur l'influence (loi n° 2023-451 du 9 juin 2023) les oblige à se structurer ; de ce fait, ceux qui n'en vivaient pas ou le faisaient uniquement par plaisir préféreront peut-être abandonner plutôt que de rentrer dans le cadre légal. Le *social selling* va se professionnaliser de plus en plus, mais également se démocratiser : le concept du « *side hustle* » est très populaire aux États-Unis, la plupart des Américains cumulent plusieurs activités. En France, on commence également à voir ces slasheurs (personne cumulant plusieurs activités professionnelles) de plus en plus fréquemment.

**Qu'aimeriez-vous ajouter pour encourager tous ceux qui hésitent à « oser le *social selling* » ?**

C'est tout à fait normal d'hésiter ! Nous étions plutôt dubitatives à l'époque nous aussi, car nous venions d'univers professionnels complètement différents et ce business model nous était parfaitement inconnu. Nous aimerions dire qu'il faut essayer, tenter si le *social selling* vous appelle : vous n'avez rien à perdre. Vous n'avez aucune obligation de résultat, vous pouvez résilier votre licence à tout moment et vous serez accompagné et guidé à chaque étape de votre parcours. Comme on le dit tout le temps : « Essayez, au pire, cela marche ! » Avec six années de recul, le seul regret que nous ayons aujourd'hui, c'est de ne pas avoir commencé plus tôt !

## Ressources pour aller plus loin

**« Comment l'affiliation améliore vos stratégies d'influence »**, chronique d'Alexandre Dos Santos, sur Le Journal du Net, janvier 2024. Cet article explore l'impact des micro- et macro-influenceurs dans les campagnes d'affiliation, soulignant l'importance de l'engagement et des taux de conversion. Il détaille également les avantages de l'affiliation pour les marques et les influenceurs, notamment en termes de transparence et de performance mesurable.

***The Influencer Code: How to Unlock the Power of Influencer Marketing***, Amanda Russell, New York, Hatherleigh Press, 2020. Ce livre fournit une compréhension approfondie de la manière dont le marketing d'influence fonctionne et de comment l'utiliser efficacement (ce livre n'existe qu'en anglais).

***Crushing It ! : How Great Entrepreneurs Build Their Business and Influence — and How You Can, Too***, Gary Vaynerchuk, New York, Harper Business, 2018. Bien que généraliste, ce livre explique comment utiliser les médias sociaux et l'influence pour bâtir une entreprise prospère (ce livre n'existe qu'en anglais).

# 3

# Le *social selling* est-il fait pour vous ?

L'objectif de ce chapitre est de déterminer si le *social selling* est fait pour vous. Il vous invite à considérer cette approche de la vente par recommandation en fonction de qui vous êtes, de ce que vous savez faire et de ce que vous avez envie de faire.

# ☞ Introduction

Le *social selling* se base sur un mode de fonctionnement propre à l'être humain : celui de la communication et du partage. La recommandation ne demande, dans un premier temps, que de partager ses retours d'expérience. L'objectif est d'apporter à autrui une solution à un problème ou de lui faire découvrir quelque chose qui vous a plu ! La différence par rapport à ce que vous faites au quotidien, c'est que ce partage se fait avec toute personne susceptible d'être intéressée, et pas uniquement avec votre cercle proche. Et cela vous permet de gagner de l'argent. Le *social selling* peut s'exercer de différentes manières qui peuvent être mélangées en fonction de votre profil. Vous pouvez vous consacrer à la vente de produits ou de services et vous pouvez également apprendre à d'autres à le faire.

# Découvrez votre potentiel de *social seller* vendeur

Bien entendu, le fait de posséder certaines qualités, appétences ou connaissances aide à aller plus loin, plus vite, dans le développement de ce business (voir les qualités bonus pages 50-51). Pour savoir si ce métier est fait pour vous, munissez-vous d'un crayon et complétez ces quiz pour évaluer votre appétence pour le *social selling* en recommandation de produits ou services ainsi qu'en développement et accompagnement d'équipe.

1. Vous aimez interagir avec les autres.
   - Toujours
   - Souvent
   - Rarement

2. Votre entourage fait appel à vous pour des conseils.
   - Toujours
   - Souvent
   - Rarement

3. Vous aimez trouver des solutions aux problèmes que vous rencontrez.
   - Toujours
   - Souvent
   - Rarement

4. Vous avez un ou plusieurs centres d'intérêt.
   - Toujours
   - Souvent
   - Rarement

5. Vous êtes curieux et aimez comprendre le pourquoi du comment.
   - Toujours
   - Souvent
   - Rarement

6. Vous aimez tester et partager vos découvertes et vos bons plans autour de vous.
   - Toujours
   - Souvent
   - Rarement

7. Vous aimez participer à des discussions sur les réseaux sociaux ou dans la vie quotidienne.
   - Toujours
   - Souvent
   - Rarement

8. Vous aimez rencontrer des personnes qui partagent vos centres d'intérêt.
   - Toujours
   - Souvent
   - Rarement

**9.** **Vous aimez repousser vos limites et tester de nouvelles expériences.**

- Toujours
- Souvent
- Rarement

**10.** **Vous n'avez pas de problème avec le fait que l'on vous dise non.**

- Toujours
- Souvent
- Rarement

**11.** **Vous êtes stimulé par l'atteinte d'un objectif.**

- Toujours
- Souvent
- Rarement

**12.** **Vous êtes authentique et honnête.**

- Toujours
- Souvent
- Rarement

**13.** **Vous finissez ce que vous avez entrepris.**

- Toujours
- Souvent
- Rarement

**14.** **Vous êtes constant dans vos efforts.**

- Toujours
- Souvent
- Rarement

## Résultats

**Vous avez une majorité de « toujours »**

↓

*« Tout est possible à qui rêve, ose, travaille et n'abandonne jamais. »*
XAVIER DOLAN

Vous êtes né pour être un *social seller* ! Vous disposez d'atouts fondamentaux pour vous lancer, réussir et peut-être même en faire votre activité principale. Choisissez votre domaine de prédilection en fonction de vos connaissances, de vos compétences et surtout de vos centres d'intérêt ! Osez passer à l'action en utilisant vos connaissances actuelles, puis développez vos compétences en vous formant selon les besoins que vous rencontrerez. Avec de telles prédispositions naturelles, vous avez tous les atouts pour réussir et aider d'autres personnes à en faire autant.

**Vous avez une majorité de « souvent ».**

↓

*« Osez, osez ; il en restera toujours quelque chose ! »*
Voltaire

Vous avez de très bonnes bases pour lancer votre business dans le *social selling.* Cependant, il vous faudra probablement sortir de votre zone de confort, tester, ajuster et adapter certaines actions afin de vous sentir plus à l'aise et développer pleinement votre potentiel. Commencez par ce qui vous semble facile et naturel, puis avancez pas à pas pour aller plus loin et approfondir ce que vous réussissez déjà naturellement ! Échangez avec d'autres personnes qui évoluent dans le même secteur que vous afin de vous ouvrir à d'autres horizons et de tester des actions auxquelles vous n'auriez pas pensé.

**Vous avez une majorité de « rarement ».**

↓

*« Chantez, même si vous chantez faux, dansez, même si vous dansez mal, mais faites-le avec passion. »*
Édith Piaf

Si vous avez décidé de lire ce livre, c'est que vous manifestez déjà l'envie d'essayer ! L'avantage du *social selling*, c'est qu'il est à la portée de tous puisqu'il ne requiert ni diplôme, ni formation, ni prérogatives à part celle d'oser ! Il est probable que vous devrez vous mettre au défi sur des sujets qui ne vous sont pas familiers ou vous sont même inconnus. Faites-vous confiance, partez de vous-même et de ce que vous aimez. Partagez avec les personnes avec lesquelles vous vous sentez à l'aise et adaptez-vous ! Il se peut que cela ne devienne qu'un complément de revenus pour vous. Cependant, même si cette activité se transforme finalement en une façon de vous connecter aux autres et de financer votre amour pour les produits que vous recommandez, vous apprendrez beaucoup sur vous-même et sur l'un de vos sujets d'intérêt !

# Découvrez votre potentiel de *social seller* développeur et animateur d'équipe

**1.** En groupe, vous avez l'habitude de prendre les choses en main ou d'être force de proposition.
- Toujours
- Souvent
- Rarement

**2.** Vous êtes curieux, aimez apprendre et transmettre.
- Toujours
- Souvent
- Rarement

**3.** L'écoute active est l'un de vos points forts.
- Toujours
- Souvent
- Rarement

**4.** Vous encouragez et motivez votre entourage.
- Toujours
- Souvent
- Rarement

**5.** Vous êtes d'une nature sociable et vous vous liez facilement avec de nouvelles personnes.
- Toujours
- Souvent
- Rarement

**6.** Vous êtes créatif et cherchez à vous renouveler.
- Toujours
- Souvent
- Rarement

**7.** Vous vous réjouissez de la réussite des autres.
- Toujours
- Souvent
- Rarement

**8.** Vous repérez le potentiel des personnes, parfois même avant qu'elles n'en prennent conscience elles-mêmes.
- Toujours
- Souvent
- Rarement

**9.** Vous savez faire preuve de patience.
- Toujours
- Souvent
- Rarement

**10.** Vous faites preuve de tolérance et respectez les différences.
- Toujours
- Souvent
- Rarement

**11.** Vous avez l'esprit d'équipe.
- Toujours
- Souvent
- Rarement

**12.** Vous faites confiance.
- Toujours
- Souvent
- Rarement

# Résultats

**Vous avez une majorité de « toujours ».**

↓

*« Un grand leader ne se contente pas de montrer la voie, il illumine le chemin pour les autres. »*
RENÉ CHAR

Vous êtes un leader ! Inspirer, transmettre, aider, soutenir et célébrer, vous compilez tous les atouts du meneur d'équipe. Vous n'hésitez pas à sortir de votre zone de confort, à challenger ce qui existe et à vous réinventer pour ouvrir de nouvelles voies et de nouvelles perspectives. Vous vous épanouissez en aidant les autres à progresser. L'esprit d'équipe dont vous faites preuve est un atout maître pour développer et accompagner avec succès une équipe en *social selling*. Et nous sommes sûres que vous avez déjà en tête le nom de quelques partenaires que vous entraîneriez bien avec vous dans cette belle aventure humaine.

**Vous avez une majorité de « souvent ».**

↓

*« Le vrai leader n'est pas celui qui montre le chemin, mais celui qui le parcourt avec vous. »*
ANTOINE DE SAINT-EXUPÉRY

Vous disposez des atouts fondamentaux pour accompagner des partenaires avec succès. Une fois que vous aurez compris les rouages du métier de *social seller* en vente, vous aurez des facilités à les transmettre et à les partager avec les autres.
Allez-y étape par étape. Vous allez apprendre tout au long du chemin auprès d'autres managers et grâce à vos partenaires. Faites confiance à votre intuition, et surtout, n'oubliez pas que l'objectif premier en accompagnement d'équipe est d'aider les autres à atteindre les objectifs qu'ils se sont fixés même s'ils sont différents des vôtres.

**Vous avez une majorité de « rarement ».**

↓

*« À mesure que le temps s'écoule, nous nous découvrons capables d'accomplir des choses que nous n'aurions jamais imaginées. »*
Marcel Proust

Le *social selling* est avant tout une histoire de création de liens et d'échanges avec les autres. C'est grâce à ces échanges que l'on apprend et que l'on découvre des capacités dont on ne soupçonnait pas l'existence ! Si vous ne vous sentez pas à l'aise avec le fait d'avoir la responsabilité d'une équipe, développez votre clientèle, et vous envisagerez cela dans un deuxième temps. Si, au contraire, vous en avez envie, mais craignez de ne pas savoir comment faire pour y parvenir, commencez avec un seul partenaire, une personne que vous verriez bien dans cette activité ou avec qui vous aimeriez partager cette aventure. C'est en faisant qu'on apprend ! Alors prenez votre temps !

Le management d'équipe n'est pas toujours ce qui vient en premier dans l'exercice du métier de *social seller*. Souvent, surtout s'il est sans expérience, le *social seller* va commencer par développer son activité autour des ventes qu'il réalise, puis, une fois acquis les rouages du métier et la compréhension du potentiel de ce business accessible à tous, il va avoir très naturellement envie de les transmettre à d'autres. C'est aussi ici que se joue le pouvoir de la recommandation.

## Les compétences bonus pour un *social seller*

**• Votre facilité à interagir et à établir des relations avec les autres**

Comme son nom l'indique, le *social selling* comporte une dimension sociale qui implique d'interagir et de se connecter avec les autres afin de partager ses bons plans, découvertes et expériences. Si vous aimez rencontrer de nouvelles personnes et êtes curieux de l'autre, vous disposez d'atouts sérieux, que vous ayez déjà un réseau ou non. En effet, construire des relations authentiques et savoir établir des liens est primordial, que ce soit physiquement ou via le digital.

**• Votre capacité à communiquer et à écouter l'autre**

Parce que le métier de la recommandation est avant tout un métier de contact et d'échanges, avoir des facilités pour exprimer clairement ses idées, transmettre des informations de manière compréhensible, adapter son discours à son public et gérer les interactions de manière positive fera une grande différence.

**• Votre sens du service et de la relation client**

Une approche axée sur le client est déterminante. Faire preuve d'empathie, aimer rendre service, être à l'écoute des besoins et des attentes des autres sont autant de qualités qui vous aideront à proposer des solutions adaptées et personnalisées, ainsi qu'à assurer un suivi des clients déjà convertis en leur offrant une expérience humaine et sincère.

**• Votre créativité et votre adaptabilité**

Le *social selling* est parfait pour ceux qui n'aiment pas la monotonie et souhaitent évoluer dans un milieu professionnel où il faut se challenger, progresser et apprendre. Votre capacité à tester de nouvelles choses afin de vous démarquer de la concurrence et des autres offres, à attirer l'attention et à stimuler l'engagement est un atout majeur.

- **Votre persévérance et votre régularité**

Ce n'est pas l'action qui fait le succès, mais le fait de la répéter régulièrement. Plus vous répétez une action, plus elle devient naturelle, vous permettant ainsi de gagner en efficacité.

*« L'excellence est un art que l'on n'atteint*
*que par l'exercice constant.*
*Nous sommes ce que nous faisons*
*de manière répétée.*
*L'excellence n'est donc pas*
*une action, mais une habitude. »*
ARISTOTE

- **Votre capacité à mesurer et à analyser**

Savoir mesurer et analyser l'impact des actions que vous mettez en place dans le cadre de votre activité est une compétence importante pour ajuster votre stratégie et maximiser votre efficacité.

- **Votre curiosité et votre envie d'apprendre**

Le *social selling* est un secteur en évolution permanente, car très lié aux innovations technologiques et aux nouveaux modes de communication et de consommation (voir chapitre 1). La curiosité et l'envie d'apprendre jouent un rôle essentiel dans la progression personnelle et professionnelle d'un individu.

*« La curiosité est l'outil le plus puissant*
*dont nous disposons pour créer, innover*
*et développer nos entreprises.*
*Elle transforme chaque obstacle*
*en opportunité et éclaire le chemin*
*vers le succès. »*
RICHARD BRANSON

- **Votre éthique et votre intégrité personnelle**

Dans les métiers de la recommandation, la confiance est un pilier fondamental. L'éthique, en *social selling*, repose sur l'honnêteté, la transparence, le respect et l'intégrité. Si ces principes résonnent en vous, vous pourrez établir des relations authentiques, durables et mutuellement bénéfiques avec vos clients et partenaires.

# En conclusion

Vous devriez à présent être en capacité de déterminer si le *social selling* est fait pour vous.
Si pour le moment vous ne vous sentez pas prêt à sauter le pas, continuez à lire ce livre pour découvrir les méthodes de vente innovantes au cœur du commerce de demain. Vous serez sans aucun doute amené à les tester et à les utiliser en tant que consommateur ou professionnel.
Si au contraire ces premiers chapitres vous ont confirmé dans votre capacité à devenir *social seller*, rendez-vous au chapitre suivant pour déterminer votre moteur entrepreneurial.

### Ressources pour aller plus loin

***Dans la tête d'un CEO***, Yassine Skalli, épisode #184, Isabelle Rabier, Le *social selling*, entreprendre d'une nouvelle manière, juillet 2024, podcast disponible en format vidéo sur YouTube.

L'œil du terrain

## Marion Serre

Maman de deux enfants, trentenaire, vivant dans le Morvan, Marion Serre vit du *social selling*. Outre l'accompagnement, depuis ses débuts, de ses clients fidèles, elle a construit en quatre ans chez Jolimoi une solide équipe qui compte des milliers de personnes et des centaines de coachs qui ont pu, à leur tour, faire de cette activité leur principale source de revenus.

**Qu'est-ce qui t'a décidée à te lancer dans le *social selling* ?**
Je m'étais lancée dans cette aventure pour financer l'achat de mes produits de maquillage. À l'époque, j'occupais un poste à plein temps en tant que responsable administrative. Gérer à ma guise mon emploi du temps lié à cette activité annexe était idéal, surtout avec mes responsabilités de maman, les tâches ménagères, et bien sûr, mon travail. Promouvoir mes produits coup de cœur lors d'ateliers à domicile ou via des lives sur les réseaux sociaux était facile. Et surtout, travailler avec un partenaire qui gérait tout (stock, logistique, boutique en ligne) était un véritable atout. Je n'avais pas à chercher des produits ou à investir dans un stock, ce qui m'aurait été impossible. Je n'aurais pas pu entreprendre sans ce partenaire qui m'offrait un projet clé en main. Au fil du temps, mes ventes ont commencé à décoller, et j'ai été agréablement surprise de mes propres succès et de l'engouement que je suscitais sur les réseaux sociaux. Recommander des produits qui me plaisaient, comprendre les besoins de mes clients et leur proposer des solutions adaptées générait un accroissement de ma clientèle, qui elle-même me recommandait à son entourage. En partageant mes réussites sur les réseaux sociaux, j'ai commencé à attirer l'attention de personnes désireuses d'obtenir de l'aide et des conseils pour suivre le même chemin. Répondre à leurs questions et les guider m'a apporté une immense satisfaction, et c'est à ce moment-là que j'ai réalisé que je pouvais réellement aider les femmes à améliorer leur quotidien. C'est ainsi que j'ai commencé à développer une équipe.

**Quand as-tu décidé d'en faire ton activité principale ?**

Lorsque j'ai saisi le potentiel de cette nouvelle opportunité professionnelle et que j'ai compris que je générais des revenus équivalents à ceux de mon poste de responsable administrative, cela a été une révélation. J'ai pris conscience que je pouvais aller encore plus loin et atteindre des niveaux de rémunération plus élevés, car cela dépendait uniquement de mon engagement et de mon investissement personnel. J'avais entre les mains un concept novateur qui suscitait l'intérêt de nombreuses personnes : le *social selling*. J'ai testé plusieurs partenariats avant de trouver celui qui correspondait à mes ambitions.

Aujourd'hui, je suis à la tête d'un business florissant dans lequel j'accompagne, non seulement mes clients fidèles, mais aussi des hommes et des femmes de tous horizons à développer un business à leur image et qui peut s'adapter à leurs ambitions, avec l'aide magique des réseaux sociaux qui ouvrent des perspectives de croissance gigantesques.

**Quel conseil donnerais-tu à quelqu'un qui hésite à se lancer ?**

N'hésite pas à tenter, tu n'as rien à perdre, surtout si tu t'appuies sur un partenaire. Dans mon expérience, cela a radicalement transformé ma vie : je consacre plus de temps à mes enfants, ma qualité de vie et même mes aspirations ont évolué. Si je n'avais pas osé, j'aurais manqué tellement d'opportunités ! Quand je constate les avantages que cela peut apporter et le faible investissement financier nécessaire, je pense que nous devrions tous nous lancer et faire fi de nos hésitations. Un dernier conseil : prends le temps de choisir le partenaire qui te convient et assure-toi que le coach que tu rejoindras sera en mesure de t'apporter un bon soutien tout en respectant tes propres objectifs.

# 4

# Trouver votre « pourquoi »

Dans ce chapitre, vous allez définir votre « pourquoi », cette raison profonde qui vous donne l'énergie et l'envie de vous lancer et vers laquelle vous devrez revenir si, malgré tout votre enthousiasme, vous vous sentez démotivé. Vous allez découvrir les grands principes d'une méthode entrepreneuriale développée notamment par le Britannique Simon Sinek, conférencier et consultant en management. Votre « pourquoi » est essentiel et vous permet de vous ancrer. À l'issue de ce chapitre, vous pourrez expliquer pourquoi vous voulez démarrer une nouvelle activité, notamment dans le *social selling.*

# Introduction

Le « pourquoi » représente la raison fondamentale de votre engagement dans ce que vous entreprenez, et dans la vie de façon générale. Il incarne votre raison d'être, l'origine profonde de votre entreprise, et va bien au-delà de la simple vente de produits ou de services. Il est essentiel de l'identifier et le comprendre, car il guide vos actions et vous permet d'attirer le public qui partage votre vision des choses. Il renforce le sens de vos actions et vous rend légitime dans tout ce que vous mettez en place.
Le « pourquoi » fait toute la différence, que ce soit dans votre vie professionnelle ou personnelle.

*« Les gens n'achètent pas ce que vous faites, ils achètent ce pourquoi vous le faites. »*
Simon Sinek

**La méthode du « pourquoi » dans l'entrepreneuriat, souvent appelée « Start with Why », est une approche développée par Simon Sinek qui souligne l'importance de comprendre et de communiquer le « pourquoi » fondamental de votre entreprise.**

## Le « pourquoi », votre boussole

Vous vous demandez peut-être ce que cache le « pourquoi ». Imaginez-le comme le secret de votre entreprise, la raison profonde qui donne du sens à tout ce que vous faites. C'est un peu comme votre GPS personnel. Il vous aide à rester sur la bonne voie. Il est essentiel tant dans votre vie personnelle que professionnelle. C'est un principe fondamental qui transcende les frontières entre ces deux mondes, guidant vos actions et vos motivations.

*« Le "pourquoi" est toujours plus fécond que le "comment". »*
Albert Camus

### « Pourquoi » professionnel et « pourquoi » personnel : quelles différences ?

Côté professionnel, le « pourquoi » représente la raison pour laquelle vous vous levez chaque matin pour effectuer votre travail. C'est ce qui donne du sens à votre carrière et guide vos choix professionnels. Il maintient votre motivation et vous aide à surmonter les obstacles, à rester concentré sur vos objectifs et à exceller dans votre domaine. Par exemple, Virginie voulait initialement une activité fun et *girly* à côté de son travail principal. Elle a très vite découvert, au travers des échanges que nous avons eus, que son véritable moteur était de prendre soin des autres. Et que c'était ce que l'univers des produits de bien-être et de beauté lui permettait de faire. Cette prise de conscience l'a conduite à envisager une totale reconversion professionnelle, passant du métier de voyagiste à celui de l'esthétique-massage. Elle a aujourd'hui ouvert son propre cabinet.

Nous rencontrons quotidiennement des *social sellers* qui lancent leur activité avec comme « pourquoi » la volonté de gagner de l'argent pour financer un projet ou « mettre du beurre dans les épinards », selon l'expression consacrée. Comme Lili, ex ambulancière au SAMU, ils découvrent souvent, au cours de leur évolution, qu'ils sont en réalité principalement motivés par le désir d'aider les autres à avoir un meilleur avenir. Leur « pourquoi » n'est plus tant de générer un revenu pour eux-mêmes que d'apprendre à d'autres à le faire. C'est ainsi que le puissant collectif de Jolimoi a vu le jour. C'est un peu comme débloquer des superpouvoirs : cela donne à chacune de vos actions une puissance et une signification extraordinaires. Partager son « pourquoi » avec les autres permet de créer des liens authentiques, de prendre conscience de ce qui nous anime vraiment et donne l'énergie nécessaire afin de mener son projet à bien.

Côté personnel, votre « pourquoi » est ce qui donne un sens profond à vos actions quotidiennes, à vos choix et à vos relations. Cela révèle ce qui est vraiment important pour vous et vous guide vers la réalisation de vos objectifs. Vous vous épanouissez et nourrissez ce qui vous rend heureux. En général, les deux « pourquoi » ne font qu'un, mais s'expriment de façon différente dans le quotidien. Pour Virginie, par exemple, si son « pourquoi » professionnel l'a conduite à une reconversion pour prendre soin des autres, elle était tout aussi animée, au jour le jour, par la volonté d'aider les autres à révéler leur plein potentiel afin qu'ils puissent vivre une vie plus épanouissante. C'est pourquoi, elle a accordé une attention toute particulière à la mise en place d'actions pour apporter toute forme d'assistance au sein de la communauté d'indépendants Jolimoi et améliorer la vie des autres.

## Le « pourquoi » en *social selling*

Connaître son « pourquoi » est particulièrement important lorsque l'on se lance dans le *social selling*, et ce, pour trois raisons principales.

- Il détermine l'univers dans lequel vous allez entreprendre, la ou les sociétés avec lesquelles vous souhaitez collaborer et les produits et services que vous allez recommander.
- Il façonne votre marque personnelle. Il permet de créer votre identité unique et vous aide à attirer les clients, les partenaires et les opportunités qui sont alignés avec vos valeurs et votre mission.
- Il vous permet d'être authentique et sincère dans l'histoire que vous racontez. En *social selling*, vous ne vendez pas simplement des produits, vous partagez votre expérience personnelle et celle de vos clients. La façon dont vous racontez les choses, ou *storytelling*, est un facteur clé de votre succès.

*« Soyez vous-même, les autres sont déjà pris. »*
Oscar Wilde

En somme, que ce soit dans votre vie personnelle ou professionnelle, votre « pourquoi » agit comme un pivot central.

## Les étapes pour trouver votre « pourquoi »

Maintenant que vous avez pris conscience de l'importance du « pourquoi » dans votre activité de *social seller* et pour votre vie en général, nous allons voir ensemble comment parvenir à le trouver, en trois étapes.
Tout part d'une réflexion personnelle nécessaire.

- **Identifiez vos valeurs fondamentales**

Les valeurs sont des principes ou croyances qui guident vos actions et votre prise de décision. Elles peuvent être de nature éthique, morale, culturelle, économique ou sociale, et varient d'une personne à l'autre en fonction de son éducation, de ses expériences et de son environnement. Ces valeurs influencent la façon dont vous interagissez avec les autres et le monde qui vous entoure. Idéalement, vous devez être capable d'identifier trois de vos valeurs principales et deux supplémentaires. Il peut être difficile, en effet, d'avoir plus de cinq valeurs auxquelles se rattacher dans la construction de son « pourquoi » et de son business.

**Pour définir vos valeurs, vous pouvez vous poser les questions suivantes :**

Quels aspects de ma vie m'ont le plus motivé ou ému ?

Quels problèmes sociaux ou individuels me touchent le plus ?

En quoi est-ce que je crois profondément ?

Qu'est-ce que je souhaite partager avec les autres ?

En fonction de vos réponses, écrivez ci-dessous vos trois valeurs fondamentales :

**1.** ..............................................

**2.** ..............................................

**3.** ..............................................

Écrivez ensuite vos deux valeurs complémentaires :

**1.** ..............................................

**2.** ..............................................

## Guide non exhaustif des principales valeurs morales et éthiques pour vous aider à identifier les vôtres

**Amour :** cultiver des relations empathiques, bienveillantes et attentionnées.
**Audace :** être déterminé, ne pas craindre l'échec ou l'opposition, et faire preuve de courage pour poursuivre des objectifs ambitieux.
**Autonomie :** respecter le droit des individus à prendre leurs propres décisions et à exercer leur libre arbitre.
**Bienveillance :** agir avec empathie, compassion et souci du bien-être des autres.
**Compassion :** faire preuve d'empathie et aider ceux qui sont dans le besoin.
**Courage :** faire face à l'adversité et agir malgré la peur ou l'incertitude.
**Détermination :** persévérer malgré les obstacles pour atteindre ses objectifs.
**Équité :** traiter tout le monde de manière juste et égale, sans favoritisme.
**Fidélité :** être loyal envers ses engagements, ses relations et ses responsabilités.
**Générosité :** partager et donner sans attendre en retour.
**Gratitude :** reconnaître et apprécier ce que l'on reçoit des autres et de la vie.
**Harmonie :** rechercher l'harmonie personnelle ou sociale pour favoriser un état mental propice à ressentir la joie.
**Honnêteté :** être vrai, sincère et transparent dans ses actions et ses paroles.
**Humilité :** reconnaître ses limites et agir sans arrogance ni prétention.

**Intégrité :** agir de manière honnête et responsable, en respectant les principes moraux et les règles éthiques.
**Justice :** rechercher l'équité dans le traitement des individus et des situations, éviter la partialité ou la discrimination.
**Pardon :** libérer les autres de leurs erreurs et s'affranchir soi-même de la rancune.
**Patience :** accepter les difficultés sans s'énerver, tolérer les retards ou les obstacles.
**Respect :** reconnaître la valeur intrinsèque des personnes, de leurs droits, de leurs croyances et de leurs différences.
**Responsabilité :** assumer les conséquences de ses actes et agir de manière responsable envers autrui et la société.
**Sagesse :** utiliser la connaissance et l'expérience pour prendre des décisions judicieuses.
**Sérénité :** trouver la paix intérieure et une certaine tranquillité d'esprit pour faciliter l'émergence de la joie.
**Sincérité :** agir et s'exprimer de manière authentique et véridique.
**Tolérance :** accepter et respecter les opinions et les cultures différentes de la sienne.
**Vérité :** rechercher et communiquer la vérité de manière honnête et transparente.

**Les valeurs éthiques sont des principes universels et abstraits définissant ce qui est moralement correct ou acceptable dans une société. Elles offrent un cadre formel pour évaluer le comportement et les actions, surtout dans les domaines professionnel ou philosophique. Ces valeurs ont tendance à moins varier selon les contextes culturel ou personnel, car elles visent à établir des normes de comportement général.**
**En résumé, les valeurs morales sont souvent considérées comme étant plus personnelles et influencées par des facteurs individuels et culturels, tandis que les valeurs éthiques tendent à être plus universelles et cherchent à établir des normes de comportement applicables à un plus large éventail de situations. Ces deux types de valeurs se chevauchent souvent, et dans de nombreux cas, il est difficile de faire une distinction nette entre elles.**

# Identifiez ce qui vous anime

Réfléchissez maintenant à l'impact que vous souhaitez avoir sur vos clients ou sur la société en général grâce à votre activité de *social seller*. Comment allez-vous contribuer, grâce à ce que vous entreprenez, à améliorer la vie des autres ou à résoudre un problème spécifique ?

Passez en revue vos expériences professionnelles et personnelles et tentez d'identifier leurs points communs. Cela vous aidera à prendre conscience de ce qui vous motive profondément au quotidien.

- **Listez** les expériences qui vous ont marqué et dans lesquelles vous avez pris du plaisir.
- **Décrivez** ce que vous avez fait pendant ces expériences, les mots qui vous viennent spontanément à l'esprit et les émotions que vous y associez.
- **Identifiez** leurs points communs et listez-les par ordre d'importance.
- **Identifiez** ce qui, dans ces points communs, est révélateur de votre « pourquoi ».

**Si vous éprouvez des difficultés à le faire, essayez de penser à des actions pour lesquelles vous pouvez rester concentré des heures, qui ne vous demandent pas d'efforts particuliers, pour lesquelles vous ne voyez pas le temps passer.**

## Confrontez vos idées

En vous aidant de l'exercice que vous venez d'effectuer, demandez à vos proches, clients ou collègues ce qu'ils pensent être votre plus grande force ou motivation dans ce que vous entreprenez.

Il est temps maintenant d'écrire le manifeste de votre « pourquoi ».

Synthétisez vos réflexions pour créer votre déclaration de « pourquoi » de manière simple, claire et inspirante. Elle devrait répondre à la question : « Pourquoi est-ce que je fais ce que je fais ? »

**Exemples :**

Je crois que chacun mérite d'avoir confiance en soi et de se sentir authentique. C'est pourquoi je propose des solutions de beauté naturelles pour révéler la véritable nature de chaque individu.

Je suis convaincu que l'accès à des produits de qualité peut transformer la vie. C'est pourquoi je m'engage à fournir des options durables et abordables pour améliorer le bien-être de tous.

Je pense que chacun doit pouvoir s'offrir la réussite qu'il mérite, quels que soient son parcours, son expérience ou son âge ; c'est pourquoi j'accompagne ceux qui le souhaitent dans la construction d'un business à la hauteur de leur ambition.

Si vous ne parvenez pas à déterminer votre « pourquoi » au travers de cette introspection personnelle, vous pouvez également utiliser la méthode de coaching du « pourquoi » dite « la méthode des 7 "pourquoi" ». Traditionnellement utilisée pour la résolution de problèmes en business, cette méthode, déclinée en coaching personnel, vous aidera à trouver la racine de votre motivation, en explorant les relations directes de cause à effet. Elle implique généralement de poser des questions répétées, de manière itérative, pour plonger plus profondément dans la compréhension de soi.

Par exemple, si vous avez un objectif, vous pouvez vous demander : « Pourquoi est-ce important pour moi ? » Ensuite, pour creuser votre première réponse, posez à nouveau la question : « Pourquoi est-ce important ? », et ainsi de suite jusqu'à ce que vous atteigniez une compréhension plus profonde de vos motivations et de vos valeurs. L'objectif de cette approche est de favoriser la clarté, l'alignement avec soi-même et la prise de décision consciente, ce qui est essentiel pour la croissance personnelle et l'accomplissement de ses objectifs dans la vie. Chaque question sert de base pour construire la suivante. Vous êtes à la recherche de ce que nous appelons la « raison racine », le fameux « pourquoi ».

Pourquoi ?
1er niveau de cause
Pourquoi ?
2e niveau de cause
Pourquoi ?
3e niveau de cause
Pourquoi ?
4e niveau de cause
Pourquoi ?
5e niveau de cause
Pourquoi ?
6e niveau de cause
Pourquoi ?
7e niveau de cause
Résultat :

**Écouter des entrepreneurs qui vous inspirent ou découvrir le témoignage d'autres personnes qui ont trouvé leur « pourquoi » peut également vous aider à trouver le vôtre.**
**Prenons l'exemple d'Alexis, *social seller*, qui s'est lancé dans le business de la beauté et du bien-être. Son « pourquoi » d'origine lui semblait clair : pouvoir tester des produits et financer sa consommation personnelle, chercher des solutions aux problématiques qu'il rencontrait. Ce n'est qu'après plusieurs mois d'activité qu'il a pris conscience de ce qui l'animait réellement : créer des relations authentiques et durables basées sur la confiance et la valeur ajoutée, pour aider sa communauté (devenue sa clientèle) à trouver les solutions qui répondent vraiment à ses besoins et à ses aspirations. Offrir la meilleure expérience client possible dictait chacune de ses actions et le remplissait de gratitude une fois sa mission accomplie.**

*« Le véritable voyage de découverte*
*ne consiste pas à chercher*
*de nouveaux paysages,*
*mais à avoir de nouveaux yeux. »*
Marcel Proust

# En conclusion

Bravo pour ce travail ! À présent, faites de ce « pourquoi » l'essence de votre communication et de vos actions dans votre activité de *social seller*, la façon dont vous vous présentez, communiquez avec votre public et créez votre contenu. Cela renforcera considérablement votre connexion émotionnelle avec vos clients et partenaires.
Cette introspection n'est pas facile, et il se peut que vous ne parveniez pas du premier coup à cerner votre motivation profonde. Allez jusqu'où vous pouvez et revenez souvent à cet exercice ! Certaines personnes ont mis plusieurs années à déterminer leur « pourquoi » profond. Ce qui est certain, c'est qu'une fois identifié, le « pourquoi » ancre votre détermination et vous aide à développer un business fort et pérenne.
Et même si vous avez réussi à identifier votre « pourquoi » du premier coup, n'hésitez pas à reprendre souvent cet exercice, car il peut évoluer avec le temps. N'oubliez pas que vos valeurs, vos envies, votre expérience évoluent, et donc votre « pour-

quoi » aussi. Soyez flexible et ouvert aux ajustements afin que votre business demeure aligné sur vos valeurs et objectifs. N'ayez pas peur de challenger ce qui existe pour aller toujours plus loin.

*« Ce que nous accomplissons à la fin dépasse de loin nos premières pensées sur le sujet. »*
RALPH WALDO EMERSON

**Utilisez le pouvoir de la visualisation pour ancrer votre « pourquoi ». Écrivez-le ou illustrez-le sous la forme d'un *vision board*, une sorte de tableau à créer vous-même et qui vous aidera à visualiser votre « pourquoi ».**
**Pour créer votre *vision board* :**

- **Trouvez des images qui représentent votre « pourquoi », vos valeurs, ce qui vous motive. Cela peut être des images découpées dans un magazine ou collectées sur le Web, ou même des dessins que vous pouvez faire vous-même.**
- **Regroupez ces images par thèmes en les collant sur une feuille de papier ou en créant une image en ligne.**
- **Ajoutez-y quelques mots clés ou citations inspirantes de votre choix.**
- **Affichez votre tableau sur une feuille de papier ou sur votre fond d'écran de téléphone ou ordinateur. L'important, c'est de le voir chaque jour afin qu'il vous rappelle constamment votre « pourquoi ».**

**Cela vous aidera à créer des images mentales positives de réussite ou de réalisations désirées, renforcera votre confiance et votre motivation, vous stimulant ainsi mentalement à agir et à mieux performer au quotidien.**

L'œil du terrain

## Florie Maccotta

Maman de deux adorables petits garçons de 4 et 6 ans, Florie, 30 ans, vit dans le sud de la France. À la tête d'une communauté de 5000 followers sur Instagram, elle a démarré le *social selling* pour passer plus de temps avec ses enfants et combler son découvert bancaire. Elle vit aujourd'hui très confortablement de son activité de *social seller* qu'elle a choisi d'exercer en s'adossant à un partenaire.

**Peux-tu nous parler de ce qui a profondément motivé ta décision de te lancer dans le *social selling*, ton « pourquoi » d'origine ?**

Au tout début, ma motivation était de gagner de l'argent pour subvenir à mes besoins et à ceux de ma famille, tout en étant présente pour voir grandir mes fils. J'ai eu deux bébés rapprochés. Pour pouvoir aller travailler, je les faisais garder. Et en fin de mois, une fois les frais de garde payés, il ne me restait que 200 euros en poche. Cela impliquait beaucoup de sacrifices, entre les heures de travail et le fait de très peu voir mes enfants, pour un revenu qui ne me permettait pas grand-chose. Nous avons décidé, avec mon conjoint, que nous nous serrerions la ceinture en nous basant uniquement sur son salaire et que j'exploiterais la communauté que j'avais créée sur Instagram (5000 followers à l'époque) en faisant de l'influence. Mais rapidement les dettes se sont accumulées.

**Ton « pourquoi » a-t-il évolué avec le temps ?**

Oui, mais il n'a pas vraiment changé. En réalité, la raison pour laquelle j'ai quitté mon emploi était que je voulais m'occuper de mes enfants. Ensuite, rattrapée par les soucis financiers, c'est devenu une nécessité de trouver le moyen de gagner suffisamment d'argent pour ne plus être à découvert à la banque. Ce qui me motive aujourd'hui à continuer d'exercer ce métier, ce sont bien sûr toujours mes enfants. Être présente et disponible pour eux. Ne pas stresser lorsqu'ils n'ont pas école ou pour les rendez-vous ou activités, etc. Mais je le fais aussi maintenant pour moi, pour pouvoir construire mes journées selon mon humeur, mon énergie, mes envies, mes folies, mes besoins et ceux de mon entourage ! En revanche, je ne le fais plus pour nous

sortir du rouge. J'ai une stabilité financière qui me permet de financer leur scolarité dans une école privée Montessori qui coûte 800 euros par mois, et ma motivation est de pouvoir continuer à payer cette école sans que cela impacte notre vie quotidienne.
Mon « pourquoi » de base, ce sont mes enfants, et il change avec nous ; en effet, j'aimerais les emmener en voyage, etc. Il a aussi évolué car je me suis rendu compte que, grâce à cette activité, je mène la vie de mes rêves. J'ai compris que mon « pourquoi » profond, c'est simplement de vivre comme je l'entends.

**As-tu un « pourquoi » différent entre le pro et le perso ?**
Aujourd'hui, j'ai vraiment deux « pourquoi » différents, mais qui sont liés. Côté perso, c'est ma famille, vivre pleinement et ne plus manquer de rien, tout en étant présente pour mes enfants et leur offrir le meilleur. Côté pro, et c'est ce qui a évolué, c'est de pouvoir aider d'autres femmes à faire la même chose. C'est tellement beau de réaliser ses objectifs, ses rêves, que je veux aider un maximum de personnes à faire la même chose. Que leur « pourquoi » ressemble au mien ou non. Je veux vraiment permettre à chacun de pouvoir être qui il est, tel qu'il est, sans influence ni complexe, de savourer le goût de travailler avec plaisir et de vivre avec légèreté.

**Trouver son « pourquoi » est-il important pour toi ? Si oui, pour quelle raison ?**
Trouver son « pourquoi » est primordial selon moi. Il est le moteur de notre motivation, celui qui nous permet de continuer quand nous avons envie de baisser les bras, de nous souvenir d'où nous venons et de réaliser ce que nous avons accompli, surtout lorsque nous sommes trop durs envers nous-mêmes. Le mien m'a permis de ne pas arrêter lorsque cela devenait difficile et que je doutais. C'est ce « pourquoi » qui m'a rappelé mon confort financier ou même la liberté que je n'aurais jamais pu avoir avec un autre métier.

**Comment aides-tu les personnes de ton équipe à trouver leur « pourquoi » ?**
Pour aider les autres à trouver leur « pourquoi », il faut d'abord trouver ce qui les tient en vie. Trouver leurs valeurs, qui ils sont, ce qui les anime, l'essence de leur vie. Pour cela, je leur demande ce qui les a motivés à se lancer dans le *social selling* et je vais creuser en m'intéressant à la personne, jusqu'à comprendre ce qui lui tient vraiment à cœur, ce qui la fait réagir avec ses tripes. Généralement, sa première réponse est « pour l'argent ». Oui, mais avec cet argent, que vas-tu faire ? Comment ? Avec qui ? Pourquoi cela te tient-il vraiment à cœur ? Quand je parle d'un « pourquoi » qui « tient en vie », j'entends par là, la raison pour laquelle on se lève chaque matin, ce qui nous ferait traverser un immeuble en feu, ce dont on parlerait pendant des heures, ce qui nous rend réellement heureux et nous donne l'envie de tout faire pour y arriver.

## Ressources pour aller plus loin

***Commencer par pourquoi. Comment les grands leaders nous inspirent à passer à l'action***, Simon Sinek, Québec, Performance édition, 2015. Dans ce best-seller, l'auteur explore le concept du « pourquoi » en tant que point de départ pour tout projet, entreprise ou mouvement.

***Le Petit Livre de l'ikigaï. La méthode japonaise pour mieux se connaître et trouver sa voie***, Ken Mogi, Paris, Le Livre de Poche, 2019. Ce livre explore le concept japonais de l'ikigaï, qui se concentre sur la recherche du « pourquoi » personnel en combinant passion, mission, vocation et profession.

***Mon programme ikigaï. 12 semaines pour trouver le secret de votre bonheur***, Caroline de Surany, Paris, Marabout, 2018. Ce livre propose des exercices pratiques et des réflexions pour aider les lecteurs à trouver leur propre ikigaï et à donner un sens plus profond à leur vie.

**Legend Ladies**, Laura Lesieur, 2024 : ce podcast met en avant des femmes remarquables d'horizons différents et explore leurs réalisations, défis et impacts dans différents domaines. Il célèbre les talents et les engagements en offrant des perspectives riches et motivantes.

**Génération Do It Yourself**, Matthieu Stefani, 2024 : ce podcast explore les histoires d'entrepreneurs et de créateurs qui ont trouvé leur voie en suivant leur « pourquoi ».

**La Leçon**, Pauline Grisoni, 2024 : ce podcast convie ses invités à explorer leur parcours, leurs réussites et leurs échecs, en mettant l'accent sur les moments où ils ont trouvé leur « pourquoi » dans leur vie professionnelle et personnelle.

# 5

# Définir votre secteur et votre partenaire pour vous lancer

L'objectif de ce chapitre est de vous aider à définir le secteur dans lequel entreprendre, de vous donner les clés pour choisir votre mode de fonctionnement (avec ou sans entreprise partenaire) et, le cas échéant, éviter les pièges lorsque vous choisissez votre partenaire business.

# Introduction

Rappelez-vous, le *social selling,* en tant qu'activité exercée par un entrepreneur indépendant, est la somme de ses ventes effectuées via les réseaux sociaux et de ses ventes directes à des particuliers. L'évolution des nouvelles technologies et le poids grandissant du *social commerce* dans les modes d'achat des consommateurs modifient la pratique du métier de marketing relationnel (*voir* chapitre 2). Il se transforme au rythme des innovations des outils, des nouvelles normes et méthodes de travail qu'il adopte et qui sont au cœur de cet ouvrage.
L'industrie et les associations de vendeurs indépendants ne se sont pas encore toutes adaptées à ces évolutions. Il n'est donc pas aisé de trouver des statistiques agrégées sur la taille du marché intégrant cette nouvelle définition du *social selling*: vente en ligne + vente directe. On peut néanmoins en obtenir une estimation en additionnant les chiffres de ces deux types de vente. La valeur du marché dans le monde peut ainsi être estimée à 665 milliards de dollars dont 492 milliards réalisés via les réseaux sociaux et 173 milliards en vente directe.

**En 2021, 64 % des utilisateurs des réseaux sociaux interrogés à travers le monde ont déclaré avoir effectué un achat via la vente sociale (ou *social selling*).**

En vente directe, le secteur leader dans le monde en valeur est le bien-être (30 %), suivi de près par la beauté avec 23 %. Les produits durables et consommables pour la maison représentent quant à eux 15 % du marché. Le *social selling* se développe très rapidement et représente une opportunité intéressante pour de nombreux individus, toutes générations confondues. Pour 97% des consommateurs de la génération Z, les médias sociaux sont la principale source d'inspiration lorsqu'ils font des achats.

**La somme des transactions enregistrées sur les médias sociaux devrait croître trois fois plus vite que celle du commerce électronique traditionnel d'ici à 2025.**

Choisir le bon partenaire en social selling est une étape clé pour un succès durable. Avant de vous lancer tête baissée, prenez le temps de comprendre les différents moyens d'accès à ce métier. Une fois que l'envie d'entreprendre est là, il faut savoir comment naviguer parmi les multiples possibilités de partenariat pour choisir la meilleure voie pour vous. Cette démarche vous évitera de nombreux écueils et vous permettra d'avancer avec confiance et clarté.

## Le *Social selling* en solo

Vous pouvez exercer votre activité de *social selling* en vous lançant seul ou via une société partenaire.

Vous lancer seul veut dire que vous décidez de créer votre activité de A à Z en utilisant les solutions accessibles gratuitement ou moyennant un abonnement payant. Cette aventure offre certes une liberté et une flexibilité appréciables, mais elle implique également une charge de travail et des investissements plus importants ainsi qu'une potentielle solitude. Il faut donc considérer attentivement les implications de cette approche individuelle, en gardant à l'esprit les défis supplémentaires qu'elle pourrait entraîner dans le contexte du *social selling*. Si vous souhaitez démarrer seul en *social selling* en utilisant directement les outils disponibles, voici les grandes étapes qu'il vous faudra franchir :

- choisir les produits et les marques que vous souhaitez recommander ;
- déterminer votre positionnement et votre cible de clientèle ;
- établir un business plan ;
- effectuer les démarches administratives pour créer votre activité (société, microentreprise, etc.) ;
- choisir les principaux canaux et solutions de *social selling* avec lesquels vous souhaitez travailler ;
- paramétrer vos catalogues en ligne via une solution open source, ou ouvrir une e-shop en ligne et choisir une solution logistique s'il s'agit de produits physiques (e-commerce type : Shopify ou PrestaShop) ;
- trouver un partenaire d'encaissement bancaire ;
- ouvrir un compte bancaire dédié à votre activité ;
- vous faire accompagner pour vos déclarations de TVA et de revenus auprès des organismes compétents ;
- trouver un partenaire logistique ou gérer vous-même l'expédition et les retours produits (lorsqu'il s'agit de produits physiques) ;

- mettre en place ou gérer le service clients de votre société ;
- lancer votre activité et la faire connaître ;
- suivre vos performances et adapter votre stratégie ;
- vous assurer d'être en règle avec le code du commerce et la réglementation de la vente en ligne ;
- calculer la rentabilité de votre business en termes de bénéfices *versus* temps et argent investis.

Voici une liste non exhaustive de solutions utiles pour développer son activité en *social selling*. Notez que les réseaux sociaux et leurs fonctionnalités évoluent très vite : n'hésitez pas à compléter cette liste avec vos propres recherches terrain.

## Le live shopping

C'est la possibilité de créer des événements en direct sur une plateforme sociale. Lors d'un événement live shopping, le marchand peut présenter des produits, en faire des démonstrations, afficher les détails de la fiche produit et donc créer de l'engagement en temps réel avec ses clients et prospects. Ce service est payant.

## La messagerie personnalisée (Messenger, WhatsApp)

Elle permet à un marchand d'être joignable par un client de manière instantanée. Le *social seller* peut être disponible 24 heures/24 et 7 jours/7 avec des messages automatiques et proposer l'intervention d'une personne pour répondre aux questions plus complexes. Il existe aujourd'hui des versions professionnelles sur WhatsApp afin de bien maîtriser les interactions avec le prospect ou le client. Ce service est payant.

## Facebook Shop

Il s'agit de boutiques personnalisées, à l'effigie d'une marque ou d'un vendeur, où les produits sont regroupés par thématique ou collection. Les vitrines en ligne sur Facebook permettent aux utilisateurs de parcourir les produits et de réaliser leurs achats directement sur la boutique. Ce service est payant.

## Les boutiques et abonnements Instagram

Cette fonctionnalité permet d'intégrer un catalogue de produits à un profil Instagram et de les promouvoir à travers des posts, des stories, des *reels*, etc. Les utilisateurs peuvent alors voir les prix des produits présentés grâce à des étiquettes, ainsi que les fiches descriptives. Au moment de l'achat, l'utilisateur est basculé sur la page Web du *social seller*, sans passer par un navigateur de recherche. La fonctionnalité abonnement permet, elle, aux créateurs de contenus de proposer à leurs abonnés un accès exclusif à du contenu premium, tel que des stories, des vidéos et des lives, en échange d'un abonnement mensuel payant. Cette fonctionnalité vise à aider les créateurs à monétiser leur audience tout en offrant des avantages supplémentaires à leurs abonnés les plus fidèles. Ce service est payant.

### Les épingles Pinterest

Pinterest est un moteur de recherche visuel. Une épingle est un onglet que les membres utilisent pour enregistrer le contenu qu'ils apprécient sur la plateforme. Les épingles peuvent être accompagnées de légendes dans lesquelles le commerçant indique le prix, le descriptif du produit ou du service, etc. Les utilisateurs ne peuvent pas acheter sur la plateforme, mais ils sont redirigés vers un site Web via les liens en légende.

### Les filtres Snapchat et la réalité virtuelle augmentée

Des filtres peuvent être créés et/ou sponsorisés par des marques ou des individus pour engager leur communauté. La réalité augmentée, quant à elle, permet aux marques et aux marchands de proposer des essayages en réalité virtuelle en temps réel. Ainsi, un utilisateur peut essayer des vêtements, des bijoux, des chaussures ou encore du maquillage ou mettre en situation du mobilier ou de la décoration.

### Les boutiques TikTok

Le réseau venu de Chine propose aux e-commerçants d'ajouter leurs produits à leur profil TikTok. Les utilisateurs, de leur côté, peuvent regarder les produits et les acheter sans quitter l'application.

### Shopify

C'est une solution e-commerce open source qui permet de démarrer rapidement son e-shop.

En tant que *social seller*, il est important pour vous de suivre les tendances des réseaux sociaux pour choisir celui qui vous convient et adapter votre ou vos canaux de prédilection en fonction de l'audience que vous visez. TikTok, Instagram et Facebook sont les réseaux sociaux leaders en termes de *social selling* en 2023.

Il est important de souligner qu'opter pour une voie en solitaire peut constituer un défi supplémentaire. Voici une liste des principaux points à considérer afin de vous aider à prendre cette décision.

## Les avantages du *social selling* en solo

- **Indépendance totale :** en travaillant seul, vous avez un contrôle absolu sur vos décisions, stratégies et actions commerciales. Vous n'avez pas à vous conformer au fonctionnement d'une entreprise en particulier.

- **Pas de partage de bénéfices :** en travaillant en solo, vous gardez l'intégralité des bénéfices générés par vos ventes. Le bénéfice est calculé en déduisant de vos revenus de ventes tous les coûts associés (les taxes et impôts, les assurances, les différents coûts liés à la vente tels que l'achat du produit, la logistique ou le coût du service que vous revendez). Pensez à prendre en compte votre temps dans l'équation pour voir si les bénéfices sont intéressants par rapport à votre investissement personnel et financier.

- **Apprentissage direct :** vous apprenez en faisant. Travailler seul vous oblige à acquérir des compétences variées, que ce soit en marketing, en vente ou en gestion, ce qui peut être une expérience d'apprentissage précieuse.

## Les inconvénients du *social selling* en solo

- **Manque de support et de réseau :** en étant seul, vous pourriez ressentir un manque de soutien et d'interaction. Un réseau de collègues ou de partenaires peut offrir des conseils, du soutien moral et des opportunités de développement.
- **Charge de travail et risques financiers accrus :** vous êtes responsable de toutes les tâches, ce qui peut être accablant. Du marketing à la logistique en passant par la gestion des ventes et du service clients, le choix de l'offre de produits et services et de leur achat, tout repose sur vos épaules.
- **Limitation des compétences :** vous pourriez être limité dans les compétences que vous apportez à votre activité. Travailler

seul signifie que vous devez être polyvalent, mais aussi que certaines compétences nécessaires risquent de vous manquer.

- **Risque de solitude et de démotivation :** le manque d'interaction régulière avec d'autres personnes peut entraîner une sensation de solitude. De plus, sans le soutien d'une équipe, la motivation peut diminuer.

En résumé, se lancer seul en *social selling* offre une grande autonomie et flexibilité, mais peut également présenter des défis tels que la solitude, la charge de travail accrue et le manque de soutien. Cette option vous oblige également à porter l'intégralité de la charge financière et administrative sur vos épaules. Avant de prendre une décision, il est important d'évaluer soigneusement ces avantages et inconvénients pour déterminer si cette voie vous correspond.
Il existe une façon plus simple et moins risquée de se lancer dans le *social selling*, en choisissant de le faire avec une société partenaire.

## Le *social selling* avec une société partenaire

Opter pour une collaboration avec une société partenaire représente une décision stratégique réfléchie et prometteuse. En choisissant cette voie, vous vous engagez dans une démarche visant à exploiter une solution clés en main, conçue pour offrir une opportunité de lancement à moindres coût et risque.
Si votre succès dépend principalement de votre implication et de votre travail quotidien, choisir le partenaire qui vous correspond peut vous aider à accélérer votre business et garantir votre réussite à moyen et long terme. Il est donc nécessaire de prendre le temps d'une évaluation minutieuse des différentes options disponibles, avec pour objectif principal de tirer parti des avantages qu'une telle association peut apporter. Cette option permet de bénéficier d'une expertise, d'une infrastructure établie et de multiples ressources, offrant ainsi une plateforme solide pour démarrer et développer votre business dans ce domaine compétitif. En fonction de la société que vous choisirez, vous pourrez bénéficier des outils suivants pour développer votre activité :

- une marque forte et reconnue ;
- des outils technologiques performants ;
- une formation ;
- un service après-vente ;
- un soutien logistique ;
- un réseau d'indépendants avec lesquels collaborer ;
- des stratégies commerciales à expérimenter et appliquer ;
- une méthode testée et approuvée ;
- un catalogue de produits ou de services déjà validés ;
- pas ou peu de gestion des stocks ou d'opérations liées au service vendu ;
- la gestion des flux financiers entre le client, le partenaire et vous ;
- la prise en charge des déclarations administratives, des dépenses marketing et de la formation.

*« Prendre son temps est le meilleur moyen de n'en pas perdre. »*
NICOLAS BOUVIER

## Le choix du secteur d'activité

Afin de déterminer le bon partenaire pour vous, il faut d'abord définir le secteur d'activité dans lequel vous souhaitez vous lancer. C'est une étape clé. Pour commencer, pensez à ce qui vous intéresse réellement, voire vous passionne. Choisissez un domaine qui vous motive, car cela vous aidera à rester engagé, surtout lorsque les défis se présenteront.

**La beauté et le bien-être sont les deux grands secteurs gagnants dans le *social selling*. À eux deux, ils représentent plus de 50 % des ventes totales de cette activité dans le monde entier.**

**Vous n'avez pas de passion ? Ce n'est pas grave. Réfléchissez à ce que vous avez tendance à recommander naturellement à vos proches et amis ou à l'univers qui vous fait rêver.**
**Une fois que vous avez trouvé le ou les secteurs qui vous intéressent, observez les tendances actuelles et identifiez ceux qui sont en croissance. Attention, les modes de consommation peuvent varier d'un pays à l'autre, il est donc important de regarder ces données en détail.**

**La France présente une particularité avec une surreprésentation du secteur mode et accessoires par rapport au reste du monde. Explorez également les besoins non satisfaits ou les problèmes que les gens rencontrent fréquemment. Optez pour un domaine où vous pourrez apporter une valeur ajoutée avec vos produits ou services. Par exemple, si vous aimez la mode et que vous remarquez un intérêt croissant pour les vêtements éthiques et durables, vous lancer en proposant ce type de produits pourrait être une opportunité intéressante pour vous.**

**En résumé, pour réussir dans le *social selling*, choisissez un secteur qui vous intéresse ou vous passionne, qui répond à un besoin existant et qui offre des perspectives de croissance.**

## Les deux catégories de *social selling*

Il existe deux grandes catégories de *social selling*: le produit et le service. Chacune comprend des secteurs variés dans lesquels vous pouvez vous lancer.

### La recommandation de services

- **L'assurance:** commercialisation de produits d'assurance (assurance vie, assurance automobile, assurance maison, santé, etc.).
- **L'immobilier:** services liés à l'achat, à la vente, à la location et à la gestion de biens immobiliers.
- **Trading et finances:** trading en ligne, formation au trading financier, conseil et investissement financier.
- **La téléphonie:** forfait, carte, service de téléphonie.
- **Coaching et formation:** formation professionnelle ou en développement personnel, coaching personnalisé ou collectif.

• **Le voyage :** forfait vacances, réservation de séjours à l'étranger, location de voiture, etc.

### La recommandation de produits

• **Le bien-être :** vente de produits de bien-être et compléments alimentaires.
• **Maison et entretien ménager :** bougies, produits d'entretien, parfums d'intérieur et diffuseurs, accessoires d'entretien.
• **Beauté et cosmétique :** produits de maquillage, de soin de la peau.
• **Mode :** chaussures, vêtements, accessoires, bijoux, sous-vêtements.
• **Accessoires de cuisine et équipements :** appareils électroménagers.
• **Animaux de compagnie :** produits de soins, d'éducation, d'alimentation.

## Analyser le marché : le point de départ essentiel

Avant de vous engager avec un partenaire pour votre projet, il est nécessaire de comprendre le marché dans lequel vous souhaitez vous immerger. L'étude de marché est une phase fondamentale qui vous permet de mieux cerner les attentes des consommateurs et les opportunités présentes.
Voici quelques conseils simples pour réaliser cette analyse sans vous perdre dans les détails.

- **Explorez les ressources en ligne :** utilisez les outils gratuits disponibles sur Internet tels que Google Trends, les analyses de données de Facebook ou d'Instagram pour comprendre les tendances actuelles, les comportements des utilisateurs, et connaître les produits ou services en demande. Par exemple, si vous souhaitez vendre des produits de beauté, regardez les tendances de recherche sur ces produits et les discussions actuelles à leur sujet.

- **Entretiens informels :** parlez à des personnes qui travaillent dans ce domaine, ou même à des consommateurs potentiels. Les entretiens avec des professionnels vous permettent de mieux comprendre les besoins réels du marché. Posez-leur des questions simples, comme ce qu'ils recherchent dans un produit ou un service donné, ou les difficultés qu'ils rencontrent avec les offres existantes.

- **Écoutez les clients :** les avis des clients (*social proof*) sont précieux. Parcourez les commentaires et les évaluations en ligne sur des produits ou services semblables à ce que vous envisagez de proposer. Cela vous donnera une idée des points forts et des points faibles des offres actuelles sur le marché.

Imaginons que vous souhaitiez vendre des accessoires de fitness. En utilisant Google Trends, vous pouvez constater une forte hausse d'intérêt pour des équipements à domicile. En parlant à des coachs sportifs ou à des amateurs, vous pourriez découvrir un engouement croissant pour des accessoires spécifiques, comme des bandes de résistance de haute qualité. En synthétisant ces informations, vous serez mieux préparé à évaluer la pertinence d'un partenariat potentiel pour votre projet de *social selling*, en vous concentrant sur les besoins et les tendances actuels.
Une fois le secteur déterminé et l'étude de marché effectuée, il est temps de peser le pour et le contre des différentes solutions proposées. En en dressant une liste claire des avantages et des inconvénients, en vous appuyant sur des exemples concrets, vous pourrez mieux visualiser quel partenaire correspond le plus à vos attentes et objectifs.

## Points cruciaux dans le choix du partenaire

Établir une checklist des éléments essentiels est un passage obligé dans le processus de sélection. Le contrat, les méthodes de rémunération, les avis clients, entre autres, sont des critères qu'il ne faut pas négliger. Il convient de vérifier la conformité de la société vis-à-vis de la loi et des obligations administratives ainsi que les statuts juridiques requis pour démarrer votre activité. Chaque société a ses spécificités, qui impliquent pour vous des démarches et obligations. Pour simplifier votre choix, vous pouvez utiliser une méthode de notation et élaborer un tableau comparatif des différentes solutions afin de visualiser clairement les avantages et inconvénients de chaque partenaire potentiel.

## Ma checklist

Afin d'analyser les différentes opportunités et les partenaires potentiels, renseignez les points ci-dessous et comparez les réponses.

- **Lieu du siège social :** vérifiez si la société a des bureaux dans votre pays et le droit dont votre contrat de partenariat dépend (droit français, européen, américain). Assurez-vous que la société respecte la réglementation locale (vous pouvez solliciter les associations de vente directe, telles que la FVD – Fédération de la vente directe – en France ou SELDIA – European Direct Selling Association – en Europe).

- **Ancienneté de la société :** vérifiez-la grâce à sa date de création.

- **Stabilité financière :** vous pouvez trouver les rapports annuels des sociétés en ligne. En France, vous pouvez utiliser des sites comme societe.com.

- **Réputation de la société :** vérifiez qu'elle respecte des normes éthiques dans ses pratiques commerciales et ses engagements vis-à-vis de ses partenaires, de ses clients et de l'environnement, et qu'elle place les relations humaines et les individus en tête de ses priorités.

- **Réputation des produits ou des services qu'elle propose :** vérifiez que ses produits et services répondent à des besoins et problématiques réels afin d'attirer de nouveaux clients et de les fidéliser.

- **Vérifiez la e-réputation de l'entreprise en France et à l'étranger.**

- **Vérifiez que le plan de rémunération est équitable et satisfaisant.** Évitez les plans qui mettent l'accent uniquement sur le recrutement au détriment de la vente de produits ou services. Préférez un plan simple à comprendre, et donc facile à appliquer et à dupliquer.

- **Vérifiez que l'entreprise a un statut légal et officiel dans votre pays :** activité déclarée avec documents officiels à fournir aux organismes.
- **Vérifiez sa conformité avec la réglementation française et européenne (RGPD, droits du consommateur).**
- **Vérifiez que l'entreprise offre des outils, un soutien solide et des formations régulières tout comme votre coach.**

**Chaque pays dispose de lois et statuts propres pour le métier de *social seller*. La France fait partie des pays qui proposent le plus large panel de statuts. Consultez un professionnel du droit (avocat, expert-comptable, conseiller en création d'entreprise) pour choisir le statut juridique le plus adapté en tenant compte de vos objectifs, de votre situation personnelle et des spécificités de votre projet. Les différentes formes juridiques présentent des avantages et des inconvénients en termes de fiscalité, de responsabilité, de charges sociales, de droits (formation, protection sociale) et d'obligations légales et comptables. Il est donc important de bien les étudier avant de prendre une décision. Certaines sociétés proposent de vous renseigner sur vos démarches, d'autres, *a contrario*, imposent un statut spécifique.**

## S'assurer de partager les valeurs et la vision de l'entreprise

Rejoindre une société de *social selling* n'implique pas seulement de vendre des produits ou des services. Assurez-vous que les valeurs et la vision de cette société correspondent aux vôtres. Avoir les mêmes valeurs crée une base solide pour une collaboration fructueuse, reposant sur des principes communs. En partageant la vision de votre partenaire, vous créez une synergie avec lui et vos objectifs s'alignent avec les siens. Cela renforce la cohérence de votre message de vente et la confiance de vos clients. Cette harmonie de valeurs et de vision est essentielle pour bâtir une relation solide.

## Compréhension du fonctionnement et estimation des gains

*« Pour avancer ensemble, il faut d'abord accepter de regarder dans la même direction. »*
SIMONE VEIL

Comprendre en profondeur le fonctionnement du *social selling* est indispensable. Déterminez votre gain potentiel tout en évaluant la faisabilité de vos objectifs par rapport au temps dont vous disposez. Cette analyse vous permettra de calculer si les résultats attendus seront satisfaisants (en regard de votre investissement personnel et de vos gains estimés). Prenez le temps de vous faire expliquer le plan de rémunération de la compagnie et veillez à ce que la vente soit bien au cœur de ce plan.
En tant que *social seller*, la rémunération provient de deux leviers principaux :

- **les ventes que vous réalisez auprès de vos clients ;**

- **les ventes réalisées par les partenaires de votre organisation que vous pouvez coopter et accompagner.** C'est le travail d'accompagnement et d'animation qui est ici récompensé par la société qui vous reverse, à ce titre, une partie des revenus provenant des ventes réalisées par vos partenaires auprès de leurs clients. Ils sont liés à une activité de vente de votre part ainsi qu'à l'atteinte d'objectifs qui conditionnent vos revenus. Le plan de rémunération d'une société en *social selling* traduit directement sa stratégie et sa philosophie dans le business. Par exemple, chez Jolimoi, nous avons développé une méthode de rémunération unique sur le marché, dans le cadre de notre méthode business S.I.M.P.L.E™. Tout d'abord, le plan de rémunération des *social sellers* Jolimoi tient en une seule page afin qu'il soit accessible et compréhensible par tous. Nul besoin d'avoir fait Polytechnique pour le comprendre. Ensuite, la rémunération d'équipe (la partie du plan qui est souvent la plus complexe car liée à différentes conditions) consiste à récompenser les managers et les coachs non seulement sur leur capacité à développer du chiffre d'affaires, mais aussi sur leur capacité à aider les membres de leur équipe à progresser dans le plan de rémunération pour atteindre leurs objectifs personnels. La rémunération dépend donc aussi bien de la qualité que de la quantité du chiffre d'affaires, ce qui pose un cadre pérenne pour le développement du business. Les managers sont de ce fait concentrés sur la réussite des membres de leur équipe.

## Les points de vigilance

Il est important d'être vigilant sur la rémunération car avec le développement et le succès du marketing de réseau (ou MLM en anglais), certaines dérives ont été observées ces dernières années, inspirées de la fameuse pyramide de Ponzi. Le principe est de payer sous forme de primes, ou de bonus, le recrutement de nouveaux partenaires et/ou de leur reverser un pourcentage sur le chiffre d'affaires généré exclusivement via les dépenses personnelles qu'ils effectuent. Ils permettent, de ce fait, à ceux qui les ont recrutés de gagner de l'argent, mais sans jamais en gagner eux-mêmes en développant leur propre réseau. Dans certains cas, les personnes à la tête de ces organisations n'ont elles-mêmes aucune activité de vente imposée.

Vérifiez bien les conditions de votre contrat : vous ne devriez jamais être obligé, dans le cadre du *social selling*, d'acheter impérativement des produits chaque mois pour percevoir votre rémunération.

Ce système, totalement illégal en France et dans la plupart des pays, est de plus en plus dans le collimateur des organismes de surveillance des fraudes et des finances, mais certaines failles subsistent. C'est pourquoi il faut vous assurer que le partenaire que vous vous apprêtez à rejoindre base bien son plan de rémunération sur un chiffre d'affaires clients réalisé, que votre coach doit assurer un minimum d'activité, qu'à résultats égaux vous gagnez autant que votre coach et que lui et votre société partenaire mettent à votre disposition des formations régulières et une méthode de vente adaptée.

**La méthode de Ponzi est une stratégie frauduleuse de type pyramidal qui implique de payer les rendements des investisseurs précédents avec l'argent provenant des nouveaux investisseurs, plutôt que par le biais de bénéfices issus d'une activité réelle ou d'investissements légitimes. Lorsque le nombre de nouveaux investisseurs diminue ou que le système atteint un point critique, le schéma de Ponzi s'effondre. Il est illégal dans la plupart des pays car il constitue une forme de fraude financière, trompant les investisseurs en utilisant leur propre argent pour leur donner l'impression de bénéfices alors qu'il s'agit en réalité d'un système frauduleux et non durable. Cette technique doit son nom à Charles Ponzi, un escroc italo-américain du début du XX^e siècle qui l'a rendue célèbre.**

## L'importance du choix de votre coach

Prendre le temps de bien choisir la personne qui va vous accompagner est une étape déterminante lorsque vous vous lancez. Cette personne joue un rôle important dans votre réussite, car elle peut vous guider, vous conseiller et vous soutenir tout au long de votre parcours. Pour sélectionner le bon coach, cherchez quelqu'un qui possède une expérience significative et des compétences dans le domaine du *social selling*, ayant un style de travail qui vous correspond et qui partage des valeurs similaires aux vôtres. Prenez le temps de discuter avec plusieurs potentiels coachs pour évaluer leur approche, leur disponibilité et leur engagement à vous aider à atteindre vos objectifs. Posez-leur des questions sur leur façon de vous encadrer, ainsi que sur leur historique de succès. Optez pour un coach avec lequel vous vous sentez à l'aise et en qui vous avez confiance pour vous accompagner efficacement dans votre aventure.
Votre coach d'équipe est votre partenaire business et en aucun cas un supérieur. Voici quelques critères à considérer pour le choisir.

- Il a des compétences complémentaires aux vôtres.
- Il vous inspire.
- Il a un mode de communication et un positionnement avec lesquels vous vous sentez à l'aise.
- Il est engagé auprès de son équipe.
- Il est responsable et accessible.
- Il connaît les produits et sait les recommander.
- Il vous considère comme un véritable partenaire.
- Il respecte vos objectifs qui peuvent être différents des siens.
- Il respecte votre rythme et vos méthodes de travail.

N'oubliez pas que, même en rejoignant une équipe, vous restez TOUJOURS indépendant et libre d'exercer votre activité à votre rythme, comme vous le souhaitez, tant que vous respectez les méthodes et les règles de votre entreprise.

**Une bonne façon de mieux connaître la personne dont vous rejoignez l'équipe et de comprendre ses méthodes de travail est de la suivre sur ses réseaux sociaux et de regarder les commentaires et interactions sur son compte. Vous pouvez également demander à assister à une réunion d'équipe en visio ou en présentiel, c'est la meilleure façon de vous assurer que cette méthode de travail vous correspond. Il s'agit d'un choix important, prenez votre temps.**

Lors de la recherche de votre coach, rappelez-vous que son objectif principal est de vous offrir un soutien professionnel et stratégique, axé sur la croissance de votre activité, sans nécessairement chercher à établir d'emblée une relation amicale, même si celle-ci peut se développer au fil du temps.

*« Deux têtes valent mieux qu'une. »*
Jean de La Fontaine

**On entend souvent parler de ventes pyramidales illégales lorsqu'il est question de marketing de réseau (ou MLM). Il est bien établi que les systèmes de type pyramide de Ponzi sont illégaux (voir page 84). Cependant, l'organisation pyramidale en elle-même ne l'est pas. En fait, la plupart des entreprises sont structurées comme une pyramide, avec un patron, des dirigeants, des responsables et des employés. Cette organisation est légale, tout comme la rémunération d'un responsable d'équipe (un coach, en *social selling*) sur les performances de son équipe : tant que ces revenus sont liés à de la création de valeur (ventes à des clients) et ne sont pas prélevés sur les revenus des partenaires ou liés à leur recrutement simple ou à l'achat de kits de démarrage, l'activité est tout à fait légale.**

## En conclusion

Le choix du bon partenaire repose sur cette série d'étapes clés indispensables à une évaluation minutieuse. En suivant cette méthodologie rigoureuse, vous éviterez de nombreux écueils, ce qui vous permettra de vous lancer avec assurance dans l'univers du *social selling*.

### Ressources pour aller plus loin

Les sites **Maddyness** et **les Échos Entrepreneurs** vous permettent de découvrir de nombreux secteurs et entrepreneurs pour vous inspirer.
**Start The F Up, La Galère**, 2021, Isabelle Rabier – Jolimoi : Transformer la beauté en alliant tech et *social selling*, podcast disponible au format audio sur Spotify.
**Histoires d'entreprises**, Martin Videlaine, 2023, podcast coréalisé avec Agnès Guillard, épisode #42, Isabelle Rabier fondatrice et CEO de Jolimoi, format audio disponible sur ausha.

# 6

# Définir vos objectifs de vente

Dans ce chapitre, vous trouverez des principes de base pour savoir comment fixer vos objectifs en *social selling* et faire décoller votre business. Savoir se fixer des objectifs intelligents et faciles à piloter, mais aussi les faire évoluer, sont des compétences déterminantes pour réussir en entreprise, en particulier lorsque l'on est indépendant. Nous vous livrons des techniques testées et approuvées.

# ☞ Introduction

Imaginez-vous en tant que capitaine de navire, partant pour une expédition sans carte ni boussole, naviguant à l'aveugle vers un horizon incertain. Dans cette aventure, le succès dépendrait du hasard et du destin. De même, lancer votre entreprise sans objectifs précis et sans plan d'action solide serait tout aussi risqué.

Le *social selling* nécessite une approche stratégique et méthodique. Les médias sociaux sont comme un océan numérique rempli d'opportunités et de défis. Si l'on poursuit la métaphore, fixer des objectifs correspond à déterminer le cap, et le plan d'action, c'est la route que vous comptez emprunter pour y parvenir.

La somme de vos objectifs stratégiques, opérationnels, de votre plan d'action et des ressources pour y parvenir constitue votre plan d'affaires, plus communément appelé « business plan ».

Ce business plan peut évoluer au fil du temps en fonction des acquis d'expérience sur le terrain. Cependant, il doit être suffisamment stable pour vous permettre de le tester, d'apprendre de vos erreurs et de l'adapter. En résumé, il ne doit pas changer tous les jours.

Ce chapitre vous aide à réfléchir à votre stratégie et à vos objectifs en *social selling*. Le chapitre 7 vous accompagne dans l'élaboration de votre plan d'action, le choix des plateformes sur lesquelles vous positionner, les écueils à éviter et comment développer votre marque personnelle. Que vous soyez un novice désireux de maîtriser les dessous du métier ou un professionnel aguerri cherchant à affiner ses stratégies, ces deux chapitres vous fourniront les outils nécessaires pour tracer votre chemin vers le succès.

## Définir ses objectifs

Définir des objectifs clairs est le point de départ lorsque vous vous lancez. Ces objectifs sont le guide qui vous orientera à travers les défis et les opportunités de cette aventure entrepreneuriale.

## Comment déterminer ses objectifs de manière simple et efficace ?

### Réflexion sur la vision et la mission

Commencez par réfléchir à la vision globale de votre business. Quelles sont vos ambitions pour cette nouvelle activité ? Quelle est sa raison d'être ? Que voulez-vous en retirer, créer, partager, transmettre ?
Vos objectifs doivent être en accord avec votre « pourquoi » car ils représentent les jalons concrets qui vous rapprochent de la réalisation de votre vision et de votre mission. Votre « pourquoi » constitue la raison profonde et fondamentale de votre business, la raison pour laquelle il existe au-delà de la simple génération de revenus. Il incarne vos valeurs, vos croyances et l'impact que vous souhaitez avoir dans le monde.

L'alignement de vos objectifs avec votre « pourquoi » vous apportera de nombreux bénéfices :

- donner de la cohérence et du sens à vos actions ;
- créer plus de motivation et d'engagement dans votre entreprise, car chaque objectif atteint représente un pas vers la réalisation de quelque chose de plus grand et de plus significatif ;
- renforcer la cohésion de votre équipe, si vous en développez une, autour d'un objectif commun ;
- donner du sens à votre réussite en considérant, au-delà des chiffres, l'impact plus global que vous souhaitez avoir.

Il existe plusieurs types d'objectifs. On les divise généralement en deux grandes familles : les objectifs quantitatifs et les objectifs qualitatifs.

**Les objectifs quantitatifs** sont importants car ils sont garants de la viabilité financière de votre projet professionnel. Ils peuvent être mesurés et comparés.
**Les objectifs qualitatifs** sont tout aussi nécessaires car ils traduisent, en général, une façon de faire qui correspond à vos valeurs et à votre éthique.

*« Le succès, c'est de s'aimer,*
*d'aimer ce que vous faites*
*et d'aimer comment vous le faites. »*
Maya Angelou

*Exemple*
*Mon objectif est de réaliser 100 euros de ventes : objectif quantitatif.*

*Mon objectif est de réaliser 100 euros de ventes et de répondre aux attentes de mon client en étant à son écoute : objectifs quantitatifs + qualitatifs.*

Il existe différents types d'objectifs qui peuvent être classifiés en fonction de leur nature, de leur durée et de leur domaine. Voici quelques exemples courants.

**Objectifs stratégiques :** ce sont des objectifs à long terme fixés par une organisation pour définir sa vision, sa mission et ses grandes orientations. Ils sont généralement liés à la croissance, à l'expansion, à la position sur le marché.

**Objectifs opérationnels :** ces objectifs sont plus spécifiques et détaillés que les objectifs stratégiques. Ils concernent les activités quotidiennes ou régulières d'une organisation ou d'une équipe, et visent à atteindre des résultats précis.

**Objectifs personnels et/ou professionnels :** ils concernent les aspirations individuelles, qu'elles soient liées à la carrière, à l'éducation, à la santé ou aux relations personnelles.

**Objectifs financiers :** ces objectifs impliquent des résultats financiers spécifiques, tels que l'augmentation des revenus, la réduction des coûts, l'amélioration de la rentabilité.

**Objectifs quantitatifs :** ils impliquent des mesures numériques précises, comme l'augmentation des ventes de x %, l'atteinte d'un nombre de clients déterminé, la réduction des erreurs de production de y %, etc.

**Objectifs qualitatifs :** ils se concentrent sur des améliorations qualitatives, telles que la satisfaction client, la qualité des produits, l'efficacité des processus.

En tant que *social seller*, vous devez d'abord fixer vos objectifs personnels et professionnels en les reliant à votre « pourquoi ». Ensuite, vous devez fixer vos objectifs financiers. Ces derniers vont se traduire en objectifs opérationnels (étapes pour y parvenir) pour votre business. Ils peuvent être quantitatifs et qualitatifs.

Tout part du « pourquoi »

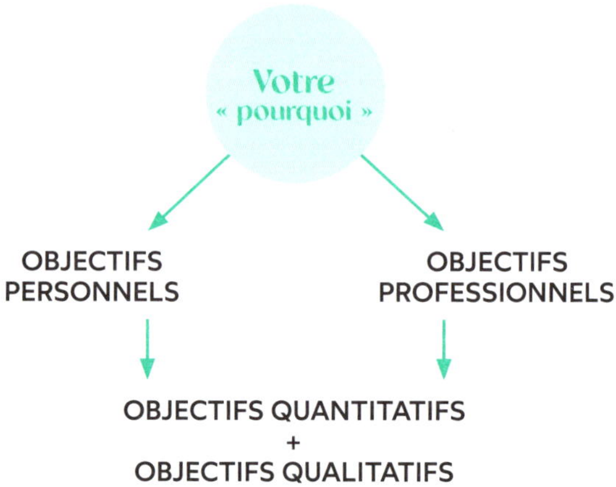


**Répondez aux questions suivantes en essayant de donner des objectifs quantitatifs et qualitatifs.**

Combien souhaitez-vous gagner la première année de votre activité ?
Par exemple : je souhaite gagner 17 000 € nets la première année.

..............................................

Décomposez ce montant en trimestres et en mois, en tenant compte de votre courbe d'apprentissage et des efforts que vous pourrez fournir. Dans notre exemple : je vais prendre un mois de vacances en été et deux semaines à Noël. Je vais donc travailler 10,5 mois. 17 000 €/10,5 mois = 1 620 € nets par mois. Cela me permettra de gagner 1 417 € en moyenne par mois sur douze mois.

..............................................

En fonction de votre business ou du plan de rémunération de votre partenaire, identifiez le chiffre d'affaires personnel et/ou d'équipe à réaliser pour gagner 1 620 € nets par mois.

Pour répondre à cette question, vous pouvez vous appuyer sur des outils de simulation de rémunération fournis par votre entreprise partenaire. Si la société ne propose pas de tels outils, vous pouvez travailler avec votre coach au sein de l'entreprise pour définir ce que cela représente en termes de chiffre d'affaires personnel à réaliser (ventes auprès de vos clients) et/ou de développement et réalisations d'équipe (chiffres d'affaires clients) que vous devrez construire pour activer ce type de revenus, en tant que coach d'équipe.

...............................................

Quel chiffre d'affaires cela représente-t-il pour vous-même et/ou pour votre équipe en moyenne par mois ?

...............................................

Combien d'heures devez-vous consacrer à l'activité chaque semaine ? chaque mois ?

...............................................

Le rapport temps disponible pour l'activité au regard du chiffre d'affaires à réaliser est-il cohérent ?

...............................................

Sinon, ajustez l'un ou l'autre, car si vous ne disposez pas du temps nécessaire pour obtenir ce que vous visez, l'équation ne sera pas valide.

Si vous savez répondre à ces premières questions, vous avez déjà une très bonne base de travail pour passer à l'étape suivante. N'oubliez pas d'ajouter aussi vos objectifs personnels, qui vont conditionner le temps que vous souhaitez consacrer à votre activité et vous aider à prioriser vos objectifs, puis vos actions.

Quand vous posez vos objectifs par écrit, vous pouvez utiliser la méthode SMART, reconnue pour son efficacité. Cette méthode est un outil simple et puissant pour définir des objectifs clairs et atteignables. Chacune des lettres de l'acronyme SMART correspond à un critère spécifique pour formuler des objectifs de manière efficace :

- **Spécifique :** vos objectifs doivent être clairs et précis. Évitez les objectifs vagues comme « être prospère ». Précisez plutôt : « Augmenter les ventes de 30 % en six mois ».
- **Mesurable :** vous devez pouvoir mesurer vos progrès. Ce peut être en termes de chiffre d'affaires, de nombre de clients, de trafic sur votre site Web, etc.
- **Atteignable :** vos objectifs doivent être raisonnables. Fixer des objectifs trop ambitieux peut être décourageant. Assurez-vous qu'ils sont réalisables avec les ressources dont vous disposez.
- **Réaliste :** vos objectifs doivent être pertinents pour votre business et alignés avec votre vision. Ils doivent contribuer à la réalisation de votre mission.
- **Temporellement défini :** fixez des délais pour atteindre vos objectifs. Par exemple, « Augmenter le nombre des clients qui recommandent les produits de 20 % en trois mois ».

**La méthode SMART est une approche de définition d'objectifs utilisée dans de nombreux domaines, des affaires à la gestion de projet en passant par le développement personnel. Elle est conçue pour établir des objectifs clairs, spécifiques et atteignables. L'origine précise de cette méthode n'est pas parfaitement définie. Elle est généralement attribuée à Peter Drucker, un éminent consultant en management, et à George T. Doran, auteur d'un article publié dans le magazine *Management Review***

**en 1981 (« There's a S.M.A.R.T. Way to Write Management's Goals and Objectives »).**
**En tant que *social seller*, vous devez être capable de visualiser ou d'imaginer le cycle de vie (ou parcours) de votre futur client, car il est déterminant dans la définition de vos objectifs.**

### CYCLE DE VIE DU CLIENT DANS LE *SOCIAL SELLING*

## En digital

Vue d'un post, story, *reel*, vidéo, live...
Plusieurs contenus sont souvent nécessaires avant l'étape 2

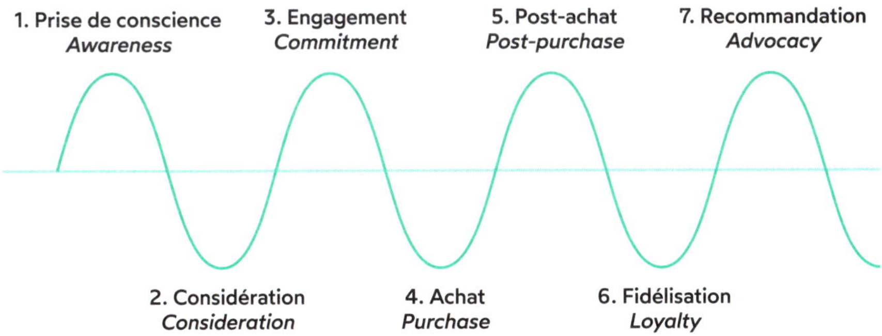


## En physique

Contact téléphonique, mail, flyer ou en personne
lors d'interactions sociales

- **Prise de conscience (*awareness*) :** le processus commence par la prise de conscience de ce que vous proposez, de votre marque ou de vos produits et/ou services par le prospect, grâce à votre présence active sur les médias sociaux. Cela peut se faire par le biais de publications, de partages, d'interactions et de contenus pertinents.

- **Considération (*consideration*) :** le client commence à explorer davantage et évalue si le produit ou le service répond à ses besoins. Il peut comparer différentes options.

- **Engagement (*commitment*) :** vous établissez des relations avec les prospects en engageant des échanges significatifs. Vous répondez à leurs questions, réagissez à leurs commentaires et créez un dialogue authentique. Cela peut également impliquer des conversations en privé, par exemple via des messages directs.

- **Achat (*purchase*), conversion :** une fois que le prospect est prêt, il peut passer à l'acte d'achat. Vous facilitez cette étape en fournissant des informations sur le produit ou le service, en proposant des démonstrations, des essais gratuits ou en guidant le processus de commande.

- **Post-achat (*post-purchase*) :** après l'achat, le client évalue son expérience. La satisfaction ou la déception peuvent impacter sa fidélité future.

- **Fidélisation (*loyalty*) :** votre travail ne s'arrête pas après la conversion. Vous continuez à entretenir la relation en offrant un excellent service après-vente, en recueillant des commentaires et en répondant aux besoins du client. Les médias sociaux sont également un excellent moyen de fidéliser les clients en partageant des mises à jour, des promotions, des contenus exclusifs et des conseils.

- **Recommandation (*advocacy*) :** les clients fidèles peuvent devenir vos ambassadeurs et recommander activement les produits ou services que vous leur avez présentés à d'autres personnes, créant ainsi un cycle de référence.

Ce cycle de vie n'est pas nécessairement linéaire et peut comporter des boucles de rétroaction. Par exemple, un client satisfait peut effectuer plusieurs achats, puis revenir à la phase de considération pour explorer de nouveaux produits ou services. La durée du cycle et les taux de succès à chaque étape varient d'un business à l'autre et d'un *social seller* à l'autre.
Les objectifs que vous vous fixez interviennent à chaque étape du cycle de vie du client, du premier contact jusqu'à la recommandation de vos services ou produits par celui-ci auprès de son entourage. Il est plus difficile d'acquérir un nouveau client que de le fidéliser. Il ne faut donc pas négliger les étapes de l'après-vente, de la fidélisation et de la recommandation. Pour les cas pratiques sur lesquels vous allez travailler dans ce chapitre, vous pouvez vous focaliser, dans un premier temps, sur l'acquisition client.

**Trouver le bon équilibre entre acquérir de nouveaux clients et fidéliser vos clients existants permet d'augmenter vos ventes de manière régulière et de pallier le départ naturel de certains d'entre eux.**

### Exercice pratique sur les ventes personnelles en *social selling* – en physique (à écrire sur votre cahier de travail ou ordinateur)

Partez du chiffre d'affaires que vous souhaitez générer sur une période donnée avec vos ventes personnelles et, le cas échéant, avec celles de votre équipe de *social sellers*. Maintenant, décomposez cet objectif en objectifs SMART plus petits.
En *social selling*, votre objectif de chiffre d'affaires peut se décomposer comme suit :

**Chiffre d'affaires = nombre de clients × panier moyen de vente (produits ou service)**

Pour définir le panier moyen de vos clients, vous pouvez interroger votre entreprise partenaire, d'autres *social sellers* dans votre équipe ou, si vous vous lancez en solo, l'obtenir grâce aux données de marché publiées par différents organismes.
*Par exemple : je dois trouver 80 clients sur les trois premiers mois de mon activité et j'ai prévu un panier moyen de 80 €.*
Définissez maintenant des objectifs intermédiaires mensuels pour arriver à votre objectif trimestriel. Une fois que vous avez votre nombre de clients et votre panier moyen cible, vous pouvez décomposer cet objectif de manière plus précise et adaptée à votre activité.

**Pour la vente directe, il existe des fédérations nationales qui publient également les données récoltées auprès des entreprises partenaires.**
**Même si ces données ne sont pas complètes, elles vous permettent d'avoir une bonne compréhension des tendances. Pour la France, vous pouvez consulter le site de la FVD. Pour l'Europe, vous pouvez consulter le site de la SELDIA. Pour le monde, celui de la WFDSA (World Federation of Direct Selling Associations.)**

**Important :** plus vos objectifs sont précis, plus il est ensuite aisé d'établir votre plan d'action pour les atteindre et les suivre. Attention toutefois à ne pas vous perdre dans trop de détails, cela rendrait le plan très long à établir et compliqué à suivre. Il vous faut donc trouver le bon dosage, en fonction de votre expérience et du temps dont vous disposez, pour l'établissement et le suivi de vos objectifs.
Par exemple, si vous disposez de dix heures par semaine, vos objectifs seront moins nombreux et votre plan moins détaillé que si vous travaillez à temps plein dans votre activité.
*Dans notre exemple : je veux trouver 80 clients sur un trimestre, cela peut se traduire comme suit : Mois 1 : 20 clients. Mois 2 : 30 clients. Mois 3 : 30 clients.*
En fonction de votre business, il vous faudra ensuite déterminer comment vous pouvez réaliser un panier moyen de 80 € pour chaque client, en vous adaptant à leurs besoins. N'oubliez pas que le *social selling* repose sur le pouvoir d'une recommandation authentique, basée sur l'écoute de votre client.

**Un client satisfait est un client fidèle.** Enfin, n'oubliez pas que nous parlons d'un panier moyen et que la réalité sera sans doute un mélange de paniers à 120 €, 100 €, 60 €, etc.
Vous pouvez visualiser ce que ces montants représentent en termes de recommandations. Par exemple : 120 € = 3,5 produits de soins ou un abonnement annuel, et l'écrire.
Vous avez le nombre de clients à recruter chaque mois, vous pouvez maintenant décomposer cet objectif en objectifs intermédiaires. Ces objectifs intermédiaires vont varier en fonction de vos méthodes de travail : digitale, physique ou un mixte des deux (en *one-to-one*, *one-to-few* ou *one-to-many*).

*En synthèse, dans notre exemple : pour réaliser 20 ventes de 80 € le premier mois, je peux établir mes objectifs comme suit : si j'ai un taux de transformation de 83 %, pour faire 20 ventes, je dois obtenir 23 rendez-vous [20 × (100 % - 83 %)]. Si je veux avoir 23 rendez-vous et que j'ai un taux de* no show *de 20 %, je dois programmer : 23 × 120 % = 28 rendez-vous.*
*Pour programmer 28 rendez-vous, je peux ensuite déterminer combien de personnes je dois contacter. Dans la vente directe, on dit généralement qu'il faut contacter 10 personnes pour obtenir un rendez-vous.*
*Dans notre exemple, vous pouvez donc dire qu'il faut fixer 280 prises de contact pour obtenir 28 rendez-vous.*
Avoir cette vision réaliste vous permet ensuite d'établir votre plan d'action pour contacter 280 personnes, etc.

## Définitions utiles

**Méthode *one-to-one*** en physique ou en digital : *le social seller* passe du temps seul avec son client.

*En **one-to-one**, je sais que je dois programmer environ 30 rendez-vous dans le mois.*
Pour déterminer combien de rendez-vous il vous faut organiser, vous pouvez vous appuyer sur l'expérience des membres de votre équipe qui pratiquent l'activité de la même manière que vous et leur demander quel est le taux d'annulation des rendez-vous.

**Méthode *one-to-few*** : *le social seller* organise des rendez-vous en petits groupes, généralement autour d'un thème, avant de passer plus de temps en recommandation individuelle auprès de chacun.

**Méthode *one-to-many*** : le *social seller* organise des rendez-vous, généralement en digital ou en physique, dans le cadre d'événements pour s'adresser à une très large audience.
Les deux dernières méthodes peuvent se faire en digital via les plateformes Facebook, Instagram, YouTube, Twitch, TikTok... Le format varie en général en fonction de son audience et de celle qu'on souhaite toucher : restreinte ou très large.

**Taux d'annulation :** il est égal au nombre de rendez-vous annulés divisé par le nombre de rendez-vous pris.
*Par exemple : si j'ai 2 rendez-vous annulés sur 10 rendez-vous fixés, mon taux d'annulation est égal à 2/10 = 20 %.*
Dans les moyennes et grandes villes, on table généralement sur un taux d'annulation (également appelé « *no show* ») de l'ordre de 20 %.
Dans des villes plus petites ou dans des zones rurales, ce taux peut être inférieur. Il peut également varier en fonction de la nature de votre activité ; c'est pourquoi il est important d'interroger votre société, votre coach ou vos coéquipiers pour affiner vos objectifs.

En principe, un rendez-vous pris et effectué mène à la concrétisation d'une vente, car vous avez passé du temps avec le client pour déterminer le bon service ou les bons produits pour lui et qu'il est engagé. Par prudence, vous pouvez aussi intégrer une notion de taux de transformation entre un rendez-vous pris et une vente réalisée.

**Taux de transformation :** il est égal au nombre de ventes divisé par le nombre de rendez-vous effectués.
*Par exemple : si je fais 15 ventes à la suite de 18 rendez-vous, mon taux de transformation est de 15/18 = 83 %.*

**Il vaut mieux avoir une plus petite communauté très engagée plutôt qu'une très grande communauté peu engagée. Le taux d'engagement de votre communauté est une mesure efficace de l'adéquation entre les contenus, les messages que vous partagez et les personnes qui vous suivent. Une communauté engagée transforme généralement le contact en actions concrètes : venir à un événement, prendre rendez-vous pour une recommandation personnalisée ou acheter un bien ou un service que vous recommandez.**

## Exercice pratique sur les ventes personnelles en *social selling* – en digital

Pour cet exercice pratique, vous pouvez vous référer à l'exercice pratique précédent jusqu'à la définition du nombre de clients à obtenir. C'est ici que la méthode de recommandation et de vente que vous aurez choisie modifie la fixation de vos objectifs. Vos points de repère et les objectifs à vous fixer sont différents du mode physique. Repartons pour cet exercice pratique de notre exemple précédent.

*Je veux trouver 80 clients sur un trimestre, soit mois 1 : 20 clients, mois 2 : 30 clients, mois 3 : 30 clients.*
*Si je veux 20 clients dans le mois, je dois réfléchir au nombre de formulaires ou de rendez-vous en ligne que je souhaite obtenir.*

Sur le digital, comme en physique, on peut avoir du *no show* (un client qui finalement ne se présente pas au rendez-vous). Le taux de *no show* peut aller de 30 à 50 % en digital (source : Jolimoi).
Vous pouvez donc déterminer le nombre de rendez-vous qu'il vous faut fixer par mois : environ 40. Ces rendez-vous peuvent se traduire de différentes manières : une visioconférence, une session shopping, un live dans un groupe privé ou encore une conversation via les messageries.
En digital, le parcours client est plus complexe qu'en physique car le futur client peut avoir de multiples points de contact avec vous, votre marque ou vos produits, et qu'il peut parfois être difficile d'identifier quels leviers, outils de communication ou réseaux sociaux fonctionnent le mieux pour vous. Si vous n'avez pas d'expérience préalable sur les réseaux sociaux, vous pouvez démarrer avec un ou deux réseaux au maximum afin d'établir votre stratégie, tester ce qui fonctionne et mesurer l'efficacité de vos actions.
Si vous voulez recruter 20 clients, vous devrez en outre comprendre le nombre de followers, de vues sur vos stories ou vos posts, et le nombre d'interactions nécessaires pour transformer un internaute en client.

**Point d'attention :** la puissance des réseaux sociaux réside dans leur capacité à toucher des personnes que vous ne connaissez pas, en plus des personnes de votre entourage qui vous suivent déjà. Cependant, la contrepartie de votre capacité à attirer des audiences via vos contenus sur les réseaux sociaux (*reels*, posts, stories, par exemple) nécessite de créer un lien de confiance entre vos followers et vous. Créer des contenus et de l'engagement demande une stratégie claire, un investissement en temps et de la régularité.

Les données que vous devez suivre dans votre activité digitale et qui constituent vos principaux objectifs sont :

- la taille de votre communauté, vos followers ;
- la portée (ou *reach*) de vos contenus quel que soit leur format (post, *reel*, etc.) : c'est le nombre de personnes qui voient vos contenus. Elle se mesure en nombre de vues par contenu ;
- le nombre d'échanges ou interactions que vous avez avec vos followers ; les interactions comprennent les likes, les commentaires, les partages, les messages privés et aussi les réponses à une boîte à questions ;
- le nombre d'interactions moyen sur vos contenus vous permet de déterminer le taux d'engagement de votre communauté (nombre d'interactions/nombre de followers) ;
- le taux de transformation, c'est-à-dire le nombre de personnes qui deviennent effectivement vos clients et qui paient pour votre service ou vos produits.

Pas de crainte, vous n'avez pas besoin d'être un expert du marketing digital, les plateformes ainsi que les sociétés spécialisées en *social selling* offrent des guides, des outils de suivi performants et parfois même des formations pour vous aider à y voir plus clair.

## Outils pratiques

Afin de faciliter la prise de rendez-vous avec vos prospects, vous pouvez utiliser des outils type Calendly si votre société partenaire n'en propose pas. Ces outils vous permettent de déterminer à l'avance vos disponibilités pour la prise de rendez-vous et de mettre en place des relances automatisées. Ils vous font gagner beaucoup de temps et diminuent le taux de *no show*.

Instagram propose aujourd'hui le partage de plusieurs liens sur votre compte qui vous permettent de renvoyer vers votre site Web, une page produit ou un calendrier pour prendre un rendez-vous.

## Un follower (ou abonné)

Le terme « follower » est principalement utilisé dans le contexte des réseaux sociaux, notamment sur des plateformes comme X (ex Twitter), Instagram, Facebook et LinkedIn. Un follower désigne une personne qui a choisi de suivre le contenu publié par un autre utilisateur sur ces plateformes ou de s'y abonner.

Ces personnes ont choisi de suivre votre compte pour recevoir vos mises à jour, vos publications, et potentiellement interagir avec votre contenu en l'aimant, le partageant, ou en laissant des commentaires.

Le nombre de followers d'un acteur du Web peut souvent être un indicateur de sa portée ou de son influence sur la plateforme. Les entreprises, les personnalités publiques, les influenceurs, les marques, et même les individus ordinaires peuvent avoir des followers sur les réseaux sociaux. Cela leur permet de diffuser leurs messages, d'engager leur audience, voire de promouvoir des produits ou des idées auprès d'un groupe spécifique de personnes intéressées par leur contenu.

# L'audience dans le contexte des réseaux sociaux

L'audience sur les réseaux sociaux désigne le groupe de personnes qui interagissent avec le contenu publié sur une plateforme spécifique. Cela inclut les utilisateurs qui suivent un compte, les abonnés ou les personnes qui consultent, aiment, commentent, partagent ou interagissent d'une manière ou d'une autre avec les publications.

Cette audience peut être composée de divers profils : des abonnés fidèles qui suivent régulièrement les mises à jour, des utilisateurs occasionnels qui interagissent de temps en temps, voire des spectateurs silencieux qui consultent simplement le contenu sans engagement actif.

L'audience des réseaux sociaux peut être mesurée en fonction de plusieurs critères :

- **Nombre de followers/abonnés :** c'est le nombre total de personnes qui suivent un compte spécifique sur une plateforme.

- **Portée et engagement :** la portée représente le nombre de personnes qui voient effectivement le contenu, tandis que l'engagement mesure les interactions telles que les likes, les partages, les commentaires, etc.

- **Démographie et centres d'intérêt :** les données démographiques (âge, sexe, emplacement géographique) et les centres d'intérêt des utilisateurs font partie de l'analyse de l'audience pour mieux comprendre qui interagit avec le contenu.

Comprendre son audience sur les réseaux sociaux est crucial pour les entreprises, les marques, les influenceurs et les *social sellers*, car cela permet d'adapter le contenu, d'identifier ce qui fonctionne le mieux, de cibler les publicités et d'optimiser les stratégies de communication pour mieux atteindre et engager cette audience spécifique.

Des sites comme celui de la Fevad publient régulièrement des baromètres du e-commerce et du *social selling* (*social media only*) qui donnent des indications précieuses pour la conduite de votre business. Enfin, vous pouvez consulter les rapports et baromètres concernant les réseaux sociaux et l'évolution des comportements d'achat via les réseaux sociaux plus spécifiquement. Nous vous recommandons vivement de pratiquer votre activité de *social selling* en vous appuyant sur une stratégie mixte de physique et de digital, avec une communication forte en digital. Les événements récents et le contexte économique actuel nous renforcent dans la conviction que la stratégie la plus payante en *social selling* s'appuie sur les deux canaux, physique et digital, qui se nourrissent mutuellement et vous permettent de développer un business pérenne plus rapidement. Cette stratégie qui repose sur deux jambes est, en outre, plus adaptable aux variations du marché (par exemple une évolution des algorithmes Facebook, Instagram ou LinkedIn qui impactent votre *reach*) ou, inversement, une pandémie qui vous empêche d'exercer votre activité en physique.
Certains de vos objectifs sont prioritaires (le chiffre d'affaires à réaliser) et d'autres secondaires (comme le nombre de followers sur votre page ou le nombre de formations à réaliser).

## Prioriser ses objectifs

Il peut être tentant d'avoir une longue liste d'objectifs, mais cela risque de disperser vos efforts. Identifiez les plus importants pour votre entreprise à court, moyen et long terme avec cette approche concrète.

### Évaluation de l'impact et de l'urgence

- **Objectifs à court terme :** identifiez les objectifs dont l'accomplissement aurait un impact immédiat sur votre business. Par exemple, si vous lancez votre business, l'objectif est de le faire savoir autour de vous.

- **Objectifs à moyen terme :** ces objectifs contribuent à la croissance à moyen terme de votre entreprise. Cela pourrait inclure l'élargissement de votre base clientèle, de votre base partenaires ou l'expansion de votre présence sur les réseaux sociaux.

- **Objectifs à long terme :** ce sont les objectifs qui contribuent à la vision à long terme de votre entreprise. Par exemple, atteindre un certain niveau de chiffre d'affaires annuel, établir votre notoriété et votre expertise.

*« Il n'y a pas de grande tâche difficile qui ne puisse être décomposée en petites tâches faciles. »*
EISENHOWER

### Analyse de la faisabilité

- **Évaluez les ressources nécessaires :** pour chaque objectif, évaluez les ressources nécessaires telles que le temps, l'argent, les compétences et les outils. Choisissez des objectifs pour lesquels vous disposez des ressources nécessaires ou que vous pouvez obtenir.

- **Prenez en compte les contraintes :** considérez les obstacles ou les contraintes potentielles qui pourraient influencer la faisabilité de chaque objectif. Sélectionnez ceux pour lesquels les obstacles sont surmontables ou peuvent être atténués.

### Établissement de priorités

**Hiérarchisez les objectifs :** classez vos objectifs en fonction de leur impact, de leur urgence et de leur faisabilité. Identifiez les quelques objectifs clés qui auront le plus grand impact sur la croissance de votre entreprise à court, moyen et long terme.

**Limitez le nombre d'objectifs :** gardez à l'esprit qu'il est préférable de se concentrer sur quelques objectifs clés plutôt que d'avoir une liste trop étendue. Cela vous permettra d'utiliser vos ressources et votre énergie de manière plus efficace.
En les priorisant de cette manière, vous vous assurerez de concentrer vos efforts sur les aspects les plus importants du développement de votre entreprise.

## Établir des jalons intermédiaires

Divisez vos objectifs en étapes plus petites et plus facilement atteignables. Cela vous permettra de mesurer vos progrès et de rester motivé.

## Décomposition des objectifs

- Prenez un objectif à long terme que vous avez identifié précédemment.
- Divisez cet objectif en sous-objectifs plus petits et spécifiques qui représentent des étapes vers sa réalisation. Par exemple, si votre objectif à long terme est d'augmenter les ventes annuelles de votre produit de 50 %, les sous-objectifs pourraient inclure l'élaboration d'une stratégie marketing, l'expansion de votre réseau de distribution, etc.

## Établissement de délais pour chaque sous-objectif

Associez une échéance ou une date limite à chaque sous-objectif. Cela vous donne un cadre temporel clair pour chaque étape et vous aide à maintenir un rythme régulier dans votre progression.

## Identification des tâches spécifiques

Pour chaque sous-objectif, identifiez les actions concrètes que vous devrez entreprendre pour l'atteindre. Ces actions doivent être claires, spécifiques et réalisables. Par exemple, si votre sous-objectif est de développer une nouvelle fonctionnalité pour votre produit, les actions pourraient inclure la recherche et la planification, le développement, les tests, etc.

## Revoir et ajuster ses objectifs régulièrement

L'environnement du *social selling* est dynamique. Il est important de revoir périodiquement vos objectifs et de les ajuster si nécessaire en fonction des évolutions du marché et des nouvelles opportunités. Établissez des points de contrôle réguliers pour évaluer vos progrès vers chaque sous-objectif. Cela peut être de manière hebdomadaire, mensuelle ou trimestrielle en fonction de la nature des objectifs. Lors de ces points de contrôle, évaluez où vous en êtes par rapport à vos jalons intermédiaires. Célébrez vos réussites et ajustez votre plan si nécessaire en fonction des défis rencontrés ou des changements de circonstances.

# En conclusion

Concrètement, pour démarrer votre activité de *social seller*, vous pouvez commencer par fixer vos objectifs pour la première année. Comme dans tout business, c'est une année test. Fixer vos objectifs sur une année est un temps suffisamment long pour pouvoir mettre en place des actions et en mesurer la performance, mais pas trop long non plus au risque de passer beaucoup de temps à établir un plan inatteignable. En effet, il est bien souvent difficile, lorsqu'on se lance, de fixer des objectifs réalistes, car on n'a tout simplement aucun point de repère. Bien entendu, si vous avez déjà une expérience en *social selling* ou que vous rejoignez une société partenaire et une équipe, vous pourrez plus facilement fixer des objectifs réalistes et comparables à ce que d'autres ont réussi à accomplir, même si, encore une fois, tout dépend de votre capacité à mettre en œuvre votre plan d'action.

Une fois les objectifs à l'année déterminés, vous pouvez les décomposer en trimestres, puis en mois et même en semaines. De même qu'il est difficile de prévoir parfaitement la façon dont votre business va se développer, vous pouvez commencer par détailler un premier trimestre au mois et attendre d'avoir des premiers retours d'expérience pour adapter vos objectifs au reste de l'année.

En définissant des objectifs clairs et réalisables, vous serez mieux préparé à prendre vos décisions, à rester concentré sur ce qui compte vraiment et à garder le cap vers votre succès. Ces objectifs serviront de repères pour évaluer vos progrès et ajuster votre plan d'action en conséquence.

### Ressources pour aller plus loin

***Objectifs ! Comment obtenir tout ce que vous voulez, plus rapidement que vous n'auriez pu l'imaginer***, Brian Tracy, Québec, éditions du Trésor Caché, 2005. Cet ouvrage explore les principes fondamentaux de la définition des objectifs et offre des conseils pratiques pour les atteindre.

***The Sales Acceleration Formula. Using Data, Technology and Inbound Selling to go from $0 to $100 million***, Mark Roberge, Hoboken (New Jersey), John Wiley & Sons Inc, 2015. Essentiellement basé sur la croissance des ventes, cet ouvrage aborde la définition des objectifs en matière de *social selling* et donne des insights précieux sur la façon de mesurer et d'atteindre ses objectifs dans ce domaine (ce livre n'existe qu'en anglais).

**Ouest Digital**, Le pOD, épisode 12, « L'art de vente en social selling » avec Isabelle Cougnaud, 2020, podcast format audio.

# 7

# Établir votre plan d'action

Ce chapitre vous propose un guide détaillé et pratique pour établir un plan d'action efficace, destiné à vous permettre d'atteindre vos objectifs professionnels. Une méthodologie claire et accessible, basée sur des principes éprouvés, vous aidera à planifier vos actions de manière stratégique et cohérente.

# Introduction

Face aux défis de la vie quotidienne, il est important d'adopter une approche structurée pour la prise de décision et la mise en œuvre de démarches significatives.
Un plan d'action bien défini est fondamental pour le succès de toute entreprise, qu'elle soit personnelle ou professionnelle. C'est comme une feuille de route détaillée qui nous guide dans l'accomplissement de nos objectifs, en nous permettant de prendre des décisions éclairées et de maximiser l'utilisation de nos ressources. Sans stratégie claire, les actions entreprises risquent de manquer de cohérence et de focalisation, entraînant des efforts dispersés et des résultats insuffisants. Et qui dit bons résultats dit motivation accrue ! Ce chapitre vous aidera à déterminer la pertinence des actions envisagées par rapport aux objectifs fixés. Il vous permettra une gestion judicieuse de vos ressources et vous aidera à créer un cadre stratégique favorable à la réussite à long terme. Vous serez guidé au long d'étapes claires et d'exemples concrets dans l'élaboration d'un plan d'action adapté à vos besoins.

# Le plan d'action

Vous avez, grâce aux exercices pratiques du chapitre 6, déterminé vos principaux objectifs dans le cadre de votre activité de *social seller* et établi une correspondance avec ce que cela représentait en termes de chiffres d'affaires, de clients et de prospects.
Avant d'élaborer un plan d'action réaliste et personnel, vous devez identifier les ressources dont vous disposez, les domaines dans lesquels vous êtes très fort, et ceux où vous allez avoir besoin de plus de soutien ou de temps pour vous former et apprendre.

## Faites l'état des lieux de vos ressources

**Ressources matérielles :**

| | | |
|---|---|---|
| pièce dédiée à mon activité :<br>(chez moi ou en coworking) | oui | non |
| équipement numérique :<br>(smartphone, ordinateur, tablette) | oui | non |
| voiture, moyen de transport : | oui | non |
| technologie (logiciels, applications) : | oui | non |

**Ressources financières :**

| | | |
|---|---|---|
| capital personnel pour financer<br>mon matériel, la formation, et/ou des<br>produits, le temps de générer des revenus : | oui | non |
| prêts d'amis et/ou de la famille,<br>soutien financier/matériel : | oui | non |
| subventions ou aides pour m'aider<br>à développer mon business : | oui | non |
| prêts bancaires : | oui | non |

**Ressources humaines :**

| | | |
|---|---|---|
| réseau de contacts : | oui | non |
| bénévoles (familles, amis, autres)<br>pour m'aider sur certains sujets : | oui | non |
| associé ou personne avec qui<br>me lancer dans le business : | oui | non |

**Ressources intellectuelles :**

| | | |
|---|---|---|
| formation et développement :<br>(accès à des cours en ligne,<br>ateliers, séminaires) | oui | non |
| connaissances et compétences<br>dans un domaine (organisation, communication,<br>vente, création de contenu, etc.) : | oui | non |

**Ressources numériques :**

| | | |
|---|---|---|
| site web, plateforme de présentation et de vente : | oui | non |
| présence sur les réseaux sociaux : (listez les réseaux et le nombre de followers sur chacun d'eux) | oui | non |
| supports de communication et de marketing : | oui | non |
| outils de gestion (fichier clients, suivi de mon activité) : | oui | non |
| bases de données (listes de contacts, données clients, informations marché) : | oui | non |

**Ressources relationnelles :**

| | | |
|---|---|---|
| réseaux professionnels (associations professionnelles, clubs entrepreneurs, créateurs de contenus, etc.) : | oui | non |
| partenariats avec des entreprises (comités d'entreprises) ou des associations caritatives, sportives, de parents d'élèves… : | oui | non |
| fournisseurs (relations avec des marques, créateurs de produits ou services) : | oui | non |

**Ressources marketing et vente :**

| | | |
|---|---|---|
| stratégies de marketing (plans marketing, campagnes publicitaires) : | oui | non |
| outils de vente (matériel de vente, argumentaires, brochures) : | oui | non |
| relations médias (contacts avec des journalistes, des influenceurs) : | oui | non |

**Ressources juridiques et réglementaires :**

| | | |
|---|---|---|
| conseil juridique et administratif pour les démarches légales : | oui | non |
| connaissance des réglementations applicables, licences nécessaires : | oui | non |

Identifiez clairement les « oui » à tous les items ci-dessus pour connaître les cartes que vous avez entre les mains. Vous serez surpris des nombreuses ressources dont vous disposez sans vous en rendre compte. Outre vos compétences, ces ressources ont une valeur, car vous pourrez, en tant qu'entrepreneur, vous en servir pour développer votre business et créer un mode collaboratif avec les autres professionnels.

Chez Jolimoi, par exemple, les stylistes, très doués en graphisme et communication, aident les personnes qui sont très compétentes en stratégie de vente. Ou encore, ceux qui disposent d'une voiture proposent du covoiturage en échange d'un espace de coworking. Vous n'avez pas beaucoup de ressources ? Pas de panique, l'un des avantages du *social selling* est que l'on peut démarrer avec très peu de moyens. Qui plus est, si vous vous lancez avec un partenaire business, ce dernier vous en apportera de nombreuses : technologie, formation, réseau de contacts et partage de savoir-faire, comme c'est le cas avec le merveilleux collectif Jolimoi.

## État des lieux de vos forces et faiblesses

Faites en premier lieu l'analyse de votre situation actuelle en identifiant vos forces et vos faiblesses.
Pour vous y aider, vous pouvez utiliser l'analyse **SWOT**.

**S = *strengths* (forces)**
**W = *weaknesses* (faiblesses)**
**O = *opportunities* (opportunités)**
**T = *threats* (menaces)**

Cette méthode simple et puissante permet d'évaluer une situation dans le cadre personnel, professionnel ou en phase de projet. Commencez par répertorier vos **forces** et vos **faiblesses**. Pour cela, dressez une liste des compétences techniques et humaines dont vous disposez, et qui sont importantes et utiles pour votre business en *social selling*. Nous sommes rarement nos meilleurs juges ; aussi, si vous n'arrivez pas à identifier vos forces, n'hésitez pas à solliciter votre entourage, vos collègues, vos camarades d'école : ils sauront vous éclairer sur ce qui vous différencie et sur ce que vous savez faire mieux que les autres. Vous pouvez également interroger des personnes expérimentées dans le secteur que vous avez choisi, comme votre coach ou la personne ayant le plus d'expérience au sein de l'équipe que vous envisagez de rejoindre.

**Les forces**

Vous trouverez ci-dessous une liste (loin d'être exhaustive) des principales compétences requises pour devenir *social seller*.

- **Les compétences « dures » (*hard skills*)** qui désignent les compétences techniques, mesurables et spécifiques à un domaine particulier, souvent acquises par l'éducation formelle, la formation ou l'expérience pratique. Ce sont des aptitudes concrètes et quantifiables.
  En *social selling*, la maîtrise des plateformes sociales, le SEO (*Search Engine Optimization*, ou, en français, optimisation pour les moteurs de recherche), le CRM (*Customer Relationship Management*, ou gestion de la relation client), le design graphique, le montage vidéo, la gestion de projet, l'organisation, les techniques de vente, la connaissance des produits et/ou services que vous allez représenter ou du secteur dans lequel vous allez évoluer en sont quelques-unes.

- **Les compétences humaines (*soft skills*)** se réfèrent aux compétences relationnelles et comportementales d'une personne. Dans votre cas, la communication, l'empathie, l'écoute active, l'esprit d'équipe, la gestion du stress, l'autonomie, la persévérance, l'adaptabilité, la résolution de problèmes, la facilité de contact sont des compétences qui font une vraie différence.

**Les faiblesses**

Ce sont les compétences que vous estimez ne pas posséder au moment de vous lancer. Pour les identifier, comparez-les à la liste des compétences clés ci-dessus et n'hésitez pas à demander un retour à votre entourage. Trop souvent, nous sommes trop durs avec nous-mêmes, avons tendance à nous trouver de nombreuses faiblesses, sous-estimons nos atouts ou ignorons certaines de nos capacités.

**N'hésitez pas à enrichir votre liste par des compétences « annexes » que vous maîtrisez déjà et qui, bien que ne figurant pas sur la liste, pourraient, selon vous, vous être utiles.**
**Une fois votre liste prête, repérez les compétences dont vous disposez déjà et notez celles que vous allez avoir besoin d'acquérir. Par exemple, si vous vous lancez dans la vente de produits de beauté et que vous avez une formation en techniques de vente, que vous parlez couramment l'anglais et que vous avez déjà une bonne maîtrise des réseaux**

sociaux, ce sont des atouts pour votre business de *social seller*. Si en revanche, vous n'y connaissez pas grand-chose en maquillage, mais que vous souhaitez en proposer, réfléchissez aux moyens de développer cette compétence, en recherchant :

- des formations formelles ou en ligne (cours du soir ou du week-end, universités) ;
- des ateliers et séminaires : de nombreuses conférences sont proposées gratuitement ou à moindre coût sur de nombreux sujets. N'oubliez pas de consulter les avis pour choisir ;
- des autoformations : de nombreux ouvrages ainsi que des vidéos et tutos sont disponibles sur YouTube pour vous former ;
- du réseautage : des personnes de votre entourage professionnel ou personnel disposant de ces compétences peuvent vous les enseigner ;
- du coaching et du mentorat au sein de votre équipe ou de votre réseau : certaines entreprises proposent également des formations à leurs *social sellers*.

*Flashez le QR code ci-dessous pour voir à quoi ressemble une analyse SWOT (forces/faiblesses/opportunités/menaces) :*

Priorisez les compétences à acquérir en fonction de l'évolution de votre business. Ainsi, il ne sera peut-être pas essentiel d'être un pro en SEO pour démarrer, mais plus important de maîtriser le réseau social que vous allez utiliser, ses codes et son mode de fonctionnement.

**Les opportunités**

Penchez-vous ensuite sur les opportunités, c'est-à-dire les aspects positifs externes à votre situation, les facteurs que vous pouvez exploiter pour atteindre vos objectifs. Pour les identifier,

observez ce qui se passe autour de vous. Quels sont les changements dans votre environnement ? Examinez les tendances du marché, les évolutions technologiques ou les opportunités émergentes qui pourraient se présenter. Peut-être avez-vous dans votre entourage une relation qui pourrait vous présenter des clients potentiels ? Ou connaissez-vous une personne très présente sur les réseaux sociaux qui pourrait vous présenter – et présenter votre offre – à sa communauté pour vous aider à démarrer et à agrandir votre réseau ?
Le lancement d'une nouvelle technologie (IA, App, etc.), l'augmentation de la demande par rapport à l'offre que vous proposez, ou encore les partenariats ou collaborations possibles avec d'autres professionnels dans le même domaine ou dans un univers complémentaire peuvent aussi améliorer ou faciliter votre travail. Demandez-vous comment vous pourriez les exploiter à votre avantage dans le cadre du développement de votre projet et intégrez ces opportunités dans votre plan d'action.

**Les menaces**
Enfin, interrogez-vous sur les menaces, c'est-à-dire les facteurs externes qui pourraient compliquer votre situation ou lui nuire. Identifiez les obstacles potentiels, les changements négatifs dans votre environnement et analysez la concurrence, les évolutions économiques défavorables ou les risques qui pourraient vous affecter : par exemple, de nouveaux entrants sur le marché, les fluctuations des tendances, les modifications de réglementation, etc.
Réfléchissez à la façon de les gérer ou de les atténuer, et intégrez les stratégies qui en découlent dans votre plan d'action pour minimiser les impacts négatifs.

**Soyez honnête et réaliste dans votre analyse.**
**Impliquez d'autres personnes de votre entourage pour obtenir des perspectives différentes.**
**Mettez à jour régulièrement votre analyse SWOT pour suivre les évolutions de votre environnement.**

**En résumé**
L'analyse SWOT vous aide à prendre conscience de vos forces, à analyser vos faiblesses, à exploiter les opportunités et à anticiper les menaces, vous permettant ainsi de prendre des décisions plus éclairées et en conscience.

**Développée par Albert S. Humphrey au Stanford Research Institute, la méthode d'analyse SWOT est issue de la gestion stratégique et de la planification d'entreprise. Destinée à mieux aligner les objectifs internes des entreprises avec les défis et opportunités externes, cette méthode est rapidement devenue populaire. Utilisée initialement dans le monde des affaires, elle s'est étendue à d'autres contextes, y compris la planification personnelle. Aujourd'hui, l'analyse SWOT est un outil simple et polyvalent pour évaluer la situation d'une organisation, d'un projet ou d'une personne, en identifiant les forces, les faiblesses, les opportunités et les menaces qui influencent la réalisation des objectifs.**

Dans l'entrepreneuriat, certains démarrent avec de l'expérience et de nombreuses ressources, d'autres partent de zéro. **Chacun peut réussir**. Chez Jolimoi, Virginie, styliste ayant récemment rejoint l'activité et qui a eu de nombreuses expériences en *social selling* auprès de différentes entreprises, a partagé avec nous cette image que nous trouvons très pertinente. « Dans le développement de son business, il y a des chapitres, des étapes de développement. La pire erreur que vous puissiez commettre, c'est de comparer votre chapitre 1 au chapitre 20 d'un autre. »

## La planification

Commencez par brainstormer avec d'autres personnes pour trouver différentes idées d'actions (coach, partenaire d'activité, ami, famille…). Encouragez-les à partager librement des idées et solutions par rapport à vos différents objectifs. L'intelligence collective est un atout considérable dans le métier du *social selling*! Pour vous y aider, vous pouvez utiliser une des deux méthodes suivantes.

**Le *Mind Mapping* :** cette méthode consiste à encourager les participants de votre brainstorming à créer une carte mentale visuelle, en partant de l'objectif central (votre business) et en explorant ses branches pour identifier les actions potentielles. Cette méthode favorise la créativité et l'association d'idées.

*Exemple*
*Votre objectif est de réaliser 2 500 € de ventes par mois sur les réseaux sociaux dans le domaine de la mode :*

- **choisissez la ou les plateformes sociales** sur lesquelles travailler ;
- **déterminez votre client cible** (exemple : femme de 18-25 ans qui aime la mode et les tendances) ;
- **rédigez des contenus écrits et sélectionnez des visuels** (shooting photos produits chaque jour, lookbooks saisonniers, tutoriels de style, conseils d'association et d'entretien) ;
- **engagez votre communauté** (répondez aux commentaires et aux messages directs, organisez des sondages et concours, collaborez avec des influenceurs mode ou des influenceurs dans des secteurs connexes – beauté, *lifestyle*, *food*) ;
- **identifiez les mots clés et hashtags** (suivez les tendances des hashtags qui sont populaires et liés à la mode, et utilisez-les) ;
- **cherchez des partenariats et collaborations** avec des marques de mode complémentaires à la vôtre, et collaborez avec des blogueurs ou influenceurs ;
- **lancez des promotions et des offres spéciales** (créez des offres exclusives, des ventes flash et des promos limitées dans le temps) ;
- **analysez vos performances** (likes, partages, commentaires, conversions grâce aux outils mis à disposition par les plateformes) ;
- **créez des événements en ligne** (organisez des défilés en direct, participez à des événements physiques et virtuels de mode et partagez-les) ;
- **gérez vos ressources :** budget alloué à la publicité, outils de planification de contenu, appels à un graphiste et à un photographe pour la création de contenu, etc.

**La technique Delphi :** cette méthode consiste à impliquer un groupe de personnes pour recueillir leur opinion, de manière anonyme, sur les actions à entreprendre. Les résultats sont ensuite compilés, discutés, et les actions qui reçoivent le plus d'avis positifs deviennent prioritaires.

Ensuite, afin de garantir une focalisation pertinente, triez les actions en fonction des objectifs préalablement définis pour vous assurer d'un alignement cohérent avec ceux que vous vous êtes fixés.

Vous pouvez tout d'abord utiliser le tableau des actions, qui consiste à créer un tableau avec des colonnes pour les actions proposées, les objectifs auxquels elles sont liées, les ressources nécessaires et les délais. Cela permet une visualisation claire et facilite la gestion des différentes étapes.

| ACTIONS | OBJECTIF CORRESPONDANT | RESSOURCES NÉCESSAIRES | DÉLAIS |
|---|---|---|---|
| *Exemple* Participer à des événements professionnels virtuels | Établir des partenariats et élargir son réseau | Temps, frais d'inscription, matériel promotionnel | 2 mois |

**Vous pouvez affiner votre sélection grâce à la méthode de classement par priorités utilisée dans la gestion, la prise de décision et la planification.**
**Concentrez-vous seul ou en groupe (celui des idées, par exemple) uniquement sur les objectifs spécifiques que vous avez définis au chapitre 6.**
**Assignez à chaque objectif une valeur relative selon son importance par rapport aux autres objectifs en les notant de 1 à 5.**
**Réexaminez ensuite la liste d'actions et notez chacune d'elles en fonction de la mesure dans laquelle elle contribue à chaque objectif en utilisant la même échelle de 1 à 5.**
**Multipliez les notes attribuées à chaque action par la pondération de l'objectif correspondant.**
**Additionnez les scores pour chaque action.**
**Les actions avec les scores les plus élevés sont considérées comme les plus pertinentes par rapport aux objectifs définis.**

*Exemple*

| OBJECTIFS | NOTE SUR 5 | ACTION EN RAPPORT AVEC L'OBJECTIF | NOTE SUR 5 | RÉSULTAT |
|---|---|---|---|---|
| Trouver 10 nouveaux clients | 5 | Contacter les personnes ayant commenté mon dernier post | 5 | 25 (5×5) |
| Engager ma communauté | 4 | Poster chaque jour | 4 | 16 (4×4) |

L'action 1 est prioritaire par rapport à l'action 2.

Cet exercice permet de quantifier la pertinence des actions par rapport aux objectifs spécifiques en utilisant un processus de notation et de pondération. Cela facilite la prise de décision en identifiant clairement les actions qui contribuent le plus efficacement à la réalisation des objectifs prioritaires.
Enfin, pour une sélection plus précise et plus objective, mettez en place des critères spécifiques pour faciliter la comparaison entre les différentes actions et vous assurer que seules celles qui offrent le plus grand potentiel d'impact positif soient retenues dans votre plan d'action final.
Pour vous faciliter la tâche, vous pouvez mettre en pratique une technique simple et éprouvée, la loi des 80/20, qui permet d'identifier les actions qui ont le plus grand impact avec le moins d'efforts. Cette règle suggère que 80 % des résultats proviennent souvent de 20 % des efforts. Elle est aussi connue sous le nom de « loi de Pareto ».

*Exemple*
*Lucas est un* social seller *dans le voyage spécialisé vers les destinations exotiques. Il travaille principalement sur les réseaux sociaux pour attirer de nouveaux clients et augmenter ses ventes.*

**Problème :** Lucas a constaté que 20 % de ses publications génèrent 80 % d'engagement et de taux de conversion. Il souhaite optimiser son temps et ses efforts en se concentrant sur les types de contenu et les stratégies qui génèrent les meilleurs résultats.

**Application de la loi de Pareto**

**Identification des performances**
Lucas analyse les statistiques de ses publications sur les médias sociaux. Il constate que les vidéos de voyages et les témoignages de clients génèrent le plus fort taux d'engagement et de conversion.

**Concentration des efforts**
Lucas décide de consacrer 80 % de son temps à la création de vidéos de voyages captivantes et à la collecte de témoignages clients. Il réduit le temps consacré aux autres types de publications moins performantes.

**Résultats**
En se concentrant sur ces deux items, Lucas constate une augmentation significative de l'engagement et des ventes. Les publications moins performantes sont toujours présentes, mais leur impact est moins crucial sur son chiffre d'affaires.

**Avantages**

- Lucas optimise son temps en se focalisant sur les activités à fort rendement.
- Les clients réagissent positivement aux vidéos de voyages, ce qui renforce la notoriété de la marque.
- Les témoignages clients influent positivement sur la confiance des prospects.

En appliquant la loi de Pareto, Lucas maximise l'efficacité de ses actions, créant ainsi une stratégie de contenu plus ciblée et plus génératrice de résultats dans le domaine du voyage.

Vous disposez à présent de tous les éléments pour structurer votre plan d'action en étapes claires. Veillez à attribuer les ressources nécessaires à chacune de vos actions. Et ponctuez votre plan de délais et d'étapes afin de pouvoir assurer un suivi efficace.

## Identification des actions payantes

Concentrez-vous sur l'identification des actions les plus bénéfiques pour atteindre vos objectifs. Définissez tout d'abord des critères simples pour évaluer la rentabilité de chaque action. Cela suppose de déterminer comment chacune d'entre elles pourrait contribuer à votre succès de manière mesurable. Ces indicateurs quantifiables vous permettront d'évaluer la performance de chaque action. Ce sont vos KPI (*Key Performance Indicator*).

**KPI est un terme anglais qui signifie *Key Performance Indicator* (en français, indicateur clé de performance). Les KPI sont des mesures quantifiables, utilisées pour évaluer le succès d'une organisation, d'un projet, ou d'une activité particulière en fonction de ses objectifs. Ce sont des outils importants dans la gestion et la prise de décision, car ils permettent de suivre les performances et d'identifier les domaines nécessitant une attention particulière.**

*Exemple : si l'objectif est d'améliorer la satisfaction client, l'action pourrait consister à réduire le temps de réponse du service client, mesuré en nombre d'heures ou de jours entre la question du client et la réponse apportée par l'entreprise, ou le moment où le problème est réglé.*

Évaluez ensuite le retour sur investissement potentiel de chaque action, c'est-à-dire ce que vous pourriez obtenir en termes de bénéfices par rapport à ce que vous investissez, que ce soit en temps, en argent ou en ressources.

**Analyse coûts-bénéfices :** établissez une liste des coûts associés à chaque action et les bénéfices escomptés. Comparez ces deux aspects pour déterminer si les bénéfices l'emportent sur les coûts. *Exemple : si l'action nécessite un investissement financier, évaluez le nombre de nouveaux clients ou de ventes supplémentaires nécessaires pour couvrir cet investissement.*

**Répartition du temps :** si votre ressource principale est le temps, répartissez-le entre différentes actions en fonction de leur contribution à vos objectifs.
*Exemple : si l'objectif est d'améliorer vos compétences professionnelles, allouez du temps à des actions spécifiques telles que la formation en ligne ou la participation à des ateliers.*

Enfin, faites une sélection en choisissant les actions qui sont les plus susceptibles de générer des bénéfices significatifs. Cela vous permettra de maximiser les avantages tout en minimisant les coûts, créant ainsi un plan d'action réfléchi et axé sur la réussite.

## Mise en œuvre

Trois aspects sont essentiels pour garantir le succès de vos actions.

- **La communication et l'engagement des parties prenantes.** Il faut informer et mobiliser les personnes impliquées dans votre plan, que ce soient des collègues, des membres de votre équipe ou d'autres parties prenantes importantes. Assurez-vous que tous comprennent les objectifs, les actions à entreprendre, et la manière dont chacun peut contribuer au succès global.

- **Le suivi régulier des progrès réalisés** pour évaluer si les actions se déroulent comme prévu. Utilisez des indicateurs de performance pour mesurer les résultats par rapport aux objectifs fixés.

- **Les ajustements en fonction des résultats obtenus.** Si certaines actions ne donnent pas les résultats escomptés, soyez flexible.

Adaptez votre plan pour maximiser l'efficacité. La mise en œuvre d'un plan est un processus dynamique, et ces étapes vous aideront à rester sur la voie du succès en vous adaptant constamment aux défis et aux opportunités qui se présentent.

**Vous lancer dans le *social selling*, surtout si vous avez peu d'expérience ou de connaissance du métier, vous demandera d'adapter régulièrement votre plan initial en fonction de vos résultats et de vos apprentissages.**

# En conclusion

La réussite de l'établissement et de la mise en œuvre d'un plan d'action réside dans une planification réfléchie, la mise en place d'actions pertinentes et l'évaluation constante de leur efficacité. La communication active avec les parties prenantes, le suivi régulier des progrès et l'adaptation en fonction des résultats sont des éléments clés pour atteindre les objectifs fixés. En capitalisant sur l'expérience acquise, vous consolidez les connaissances pour guider de futurs plans d'action. Cela crée un processus itératif d'amélioration continue, où chaque nouvelle action alimente la réussite des suivantes.

## Ressources pour aller plus loin

***Organisez vos idées avec le* Mind Mapping**, Jean-Luc Deladrière, Frédéric Le Bihan, Pierre Mongin, Denis Rebaud, Paris, Dunod, 2019. Cet ouvrage explique comment utiliser le *Mind Mapping* pour organiser ses idées, planifier des projets et améliorer sa productivité.

***Bien vivre le principe 80/20 : Moins de travail et de stress pour plus de succès et de plaisir***, Richard Koch, Montréal, Les Éditions de l'Homme, 2007. Cet ouvrage offre des outils pratiques pour appliquer la loi de Pareto à différents aspects de la gestion d'un business.

***Le Plan d'actions du commercial***, Pascal Py, Paris, Eyrolles, 2014. L'auteur de ce livre y partage des modèles pour concevoir et rédiger un plan d'action cohérent.

**Notion, Trello** ou **Monday** sont des outils de gestion de projet qui peuvent aussi vous aider à organiser le plan que vous aurez élaboré et à mettre en place des actions automatisées pour vous faire gagner du temps.

# 8

# Les clés pour réussir sur vos réseaux sociaux

Ce chapitre aborde les notions clés pour comprendre la base de l'utilisation des réseaux sociaux comme leviers de croissance en *social selling*. Ces ressources « gratuites » vont vous permettre de lancer, développer et accélérer votre business si vous les exploitez bien. Les réseaux sociaux évoluent vite, que ce soient les algorithmes de mise en avant des contenus ou les fonctionnalités accessibles. Il ne s'agit donc pas ici de dresser un inventaire de tout ce qu'ils vous permettent de faire, de nombreux contenus gratuits et tutoriels sont accessibles en ligne pour cela. Dans ce chapitre, nous vous partageons les grands principes et astuces pour réussir que nous avons adoptés et testés grâce à Jolimoi et aux milliers de *social sellers* que nous accompagnons au quotidien.

# ☞ Introduction

Comme vous avez pu le constater, vous n'êtes pas seul sur les réseaux sociaux. À l'heure où nous écrivons, Instagram compte 2,35 milliards d'utilisateurs actifs dans le monde chaque mois, quand TikTok, un réseau plus récent, en compte déjà 1,2 milliard par mois. Ces chiffres montrent la puissance des réseaux sociaux, mais également la nécessité de se démarquer. En *social selling*, il ne s'agit pas seulement de vendre des produits ou des services, mais aussi de créer des relations durables basées sur la confiance et l'authenticité. Pour créer ces relations et réussir, deux concepts sont fondamentaux : le marketing d'attraction et la notion de marque personnelle.

**Le marketing d'attraction** (également connu sous le nom d'« *inbound marketing* ») est une stratégie marketing qui vise à attirer les clients plutôt que de les démarcher de manière intrusive et inadaptée. Cette approche repose sur la création et la diffusion de contenus de qualité, pertinents, utiles et gratuits pour les personnes que vous cherchez à séduire. Ils doivent répondre aux besoins et aux intérêts des prospects. L'objectif est de créer une relation de confiance et de vous positionner comme une référence dans votre domaine.

Le marketing d'attraction est directement lié à votre **marque personnelle** (également appelée « *personal branding* ») sur les réseaux sociaux. La marque personnelle désigne la notion de gestion de sa propre image publique afin de se démarquer et de promouvoir ses compétences, ses valeurs et son expertise. Il s'agit de se positionner de manière stratégique pour influencer la perception que les autres ont de vous, que ce soit dans un contexte professionnel ou personnel. Attention, il ne s'agit pas d'inventer une personne que vous n'êtes pas, car l'authenticité est un élément clé dans votre démarche. Votre « pourquoi », vos compétences et vos objectifs seront des aides précieuses pour bien définir la marque personnelle que vous souhaitez développer sur les réseaux sociaux.

*« L'authenticité est la pratique quotidienne de laisser tomber qui nous pensons devoir être et d'embrasser qui nous sommes. »*

Brené Brown

Si un positionnement clair, des contenus pertinents et ciblés pour s'adresser à la bonne audience font partie des ingrédients clés de votre réussite, il y a bien entendu également quelques astuces à connaître pour éviter de perdre son temps et son énergie dans la jungle des réseaux sociaux.

## Déterminer sa niche et son public cible

Avant même de déterminer sur quel réseau social vous souhaitez faire porter vos efforts, il vous faut identifier votre niche et le public cible qui en découle.

### Qu'est-ce qu'une niche ?

Si vous discutez avec des *social sellers*, vous entendrez rapidement parler de « niche ». Mais que recouvre cette notion? Une niche est un segment spécifique du marché auquel vous vous adressez, un groupe de personnes qui partagent des caractéristiques, des besoins, des intérêts ou des problèmes similaires. En tant que *social seller*, définir votre niche signifie identifier un groupe cible précis auquel vous pouvez offrir une valeur unique et pertinente.

### Pourquoi est-ce important ?

Vous focaliser sur un **ciblage précis** vous permet de concentrer vos efforts sur un groupe spécifique, ce qui rend votre communication plus efficace et pertinente. Vous serez plus rapidement identifiable sur un thème plutôt que sur dix en même temps, et cela vous permettra de toucher une audience plus encline à interagir avec vos contenus car vous répondrez directement à ses besoins et centres d'intérêt. Être clair sur votre cible vous permettra également de limiter la concurrence. Vous pourrez donc vous positionner comme expert dans votre domaine, vos clients se sentiront mieux compris et plus valorisés, ce qui renforcera leur fidélité à long terme.

- **Déterminer votre axe d'expertise :** réfléchissez à ce que vous aimez faire à partir de vos passions, centres d'intérêt, compétences et expériences professionnelles, en tenant compte de ce qui vous motive, vous enthousiasme, vous anime et vous inspire au quotidien. Vous pouvez relier votre niche aux produits et aux services que vous proposez.

- **Connaître votre public cible :** quelles sont ses caractéristiques démographiques (âge, sexe, localisation géographique) ? Quels sont ses besoins, ses préoccupations et ses intérêts ?

- **Analyser la concurrence :** identifiez les acteurs existants dans votre domaine d'intérêt. Analysez leurs forces, leurs faiblesses, leurs stratégies, et regardez comment vous pouvez vous différencier.

- **Évaluer le potentiel :** quelle est la demande pour votre niche ? Vérifiez que celle que vous envisagez intéresse suffisamment de personnes. Vous pouvez le faire en regardant par exemple le nombre de requêtes Google sur votre niche, ou le nombre de hashtags sur Instagram.

- **Affiner votre proposition unique de valeur (PUV) aussi connue sous le nom de USP (Unique Selling Proposition en anglais) :** en quoi votre proposition est-elle unique ? Identifiez ce qui vous différencie des autres acteurs du marché. Quelle est votre valeur ajoutée ? Comment résoudrez-vous un problème spécifique de votre public ? Mettez l'accent sur la solution que vous apportez et ses bénéfices clés.

- **Rester à l'écoute des évolutions du marché :** les tendances changent, soyez donc prêt à vous adapter et à évoluer avec votre niche.

Commencez petit et ajustez. Lancez-vous sur votre marché de niche avec une approche test. Analysez les réactions de votre public et ajustez votre approche en fonction des retours.

*Exemple*
*Supposons que vous soyez un coach de fitness. Plutôt que de cibler toute la population intéressée par cette activité, vous pourriez définir votre niche comme s'adressant aux « nouvelles mamans cherchant à retrouver la forme après leur accouchement ». Votre contenu, vos messages et vos offres seront alors spécifiquement conçus pour répondre aux besoins et aux défis uniques de ce groupe de prospects.*

Choisissez un réseau social – Instagram est un bon endroit pour démarrer – et faites l'exercice de regarder des comptes. Comprenez-vous rapidement de quoi parle le compte ? Est-il ciblé ? Quel impact a-t-il sur vous ? Effectuez aussi des recherches de comptes par thématiques. Notez ce qui vous plaît ou pas, ce qui est efficace ou pas sur vous. On apprend beaucoup en observant les autres sur les réseaux sociaux.
Il ne s'agit pas de scroller pendant des heures en perdant votre temps, mais bien d'avoir une démarche proactive d'observation, de prises de notes et d'analyse pour affûter votre connaissance et améliorer votre stratégie personnelle. Une fois que vous êtes lancé, nous vous recommandons de pratiquer vingt minutes de veille chaque semaine pour enrichir votre connaissance et nourrir votre créativité. Enregistrez les contenus (vidéos, textes, photos, musiques) qui vous plaisent pour vous en servir plus tard.

## Attention aux idées préconçues

Une niche n'est pas nécessairement synonyme de petit business ; les réseaux sociaux ouvrent une fenêtre sur le monde, et même un sujet très spécifique comme l'application de faux cils ou le choix d'une raquette de padel peuvent générer énormément d'intérêt. Une fois que vous avez défini votre niche, à vous de jouer en créant des contenus pertinents pour toucher votre public cible, en mettant en avant ce qui vous caractérise et vos spécificités ; vous pourrez alors faire le choix du réseau social sur lequel vous voulez démarrer.
Vous pourrez par la suite être présent sur plusieurs réseaux sociaux qui s'alimenteront les uns les autres, mais il faut commencer par un canal afin de faciliter votre apprentissage.

### Audience des différents réseaux sociaux en 2024

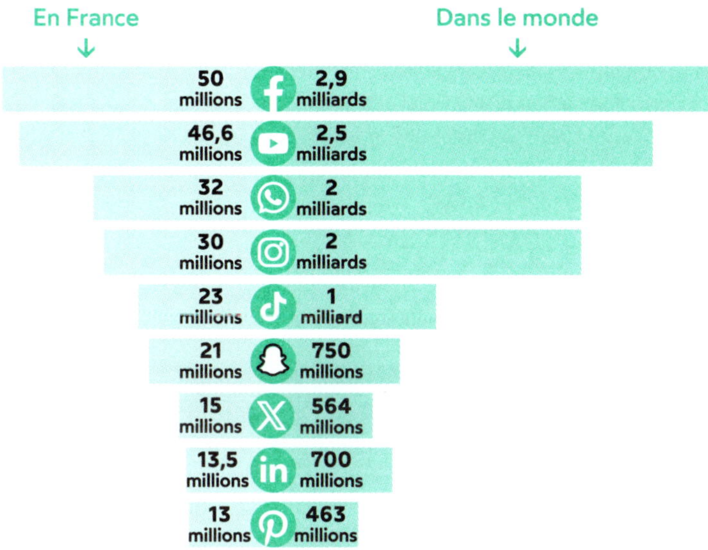


Tous les réseaux sociaux sont adaptés au *social selling* tant que l'histoire qu'on y raconte est pertinente. Le choix du premier va dépendre de la nature de votre business et de vos clients *Business to Business* (BtoB), ou *Business to Consumer* (BtoC), comme de votre appétence personnelle pour un réseau plutôt qu'un autre.

Lorsqu'on s'adresse à un individu comme client final, on va privilégier un réseau social BtoC, comme Instagram, Facebook, YouTube ou encore TikTok.

Si l'on souhaite s'adresser à des entreprises (BtoB) ou proposer une opportunité professionnelle (exemple : un job), on va privilégier LinkedIn.

**Si vous vous lancez dans des produits grand public (mode, accessoires, maison, beauté, bien-être...), Instagram est le réseau à utiliser absolument car vous y trouverez votre cœur de cible. Facebook sera le deuxième réseau à privilégier. Utilisez Messenger et Rooms pour dialoguer avec vos clients. LinkedIn, quant à lui, est l'algorithme le plus facile à maîtriser ! TikTok est le réseau qui vous fera gagner en notoriété. Attention à ne pas y publier la même chose que sur Instagram.**

## Travaillez votre marque personnelle

Le client achète d'abord qui vous êtes. Travailler votre marque personnelle est fondamental en tant qu'entrepreneur en *social selling*. En repartant de votre « pourquoi », soyez clair sur votre mission, votre vision et le message principal que vous souhaitez véhiculer. Cette phase de définition est sans doute la plus difficile et la plus importante.

Une fois que vous savez ce que vous voulez dire, il vous suffit de travailler la façon de le dire : la tonalité de vos prises de parole, le type de contenus que vous privilégiez. C'est surtout en pratiquant et en pilotant vos résultats que vous pourrez affiner petit à petit ces éléments.

Nous entendons souvent des personnes nous expliquer qu'elles n'ont pas d'éléments différenciants, de « trucs » spécifiques. Et dans 99 % des cas, au bout de dix à quinze minutes d'entretien, on trouve un ou deux axes forts qui caractérisent notre interlocuteur. Nous sommes souvent mauvais juges pour nous-mêmes. N'hésitez donc pas à interroger votre entourage pour vous aider à définir votre marque personnelle.

Votre profil est l'élément essentiel qui va vous permettre d'exprimer votre marque personnelle. C'est un peu comme l'emballage d'un chocolat. Il doit susciter l'intérêt, être désirable et suffisamment clair sur ce que vous avez à proposer.

Vous devez maîtriser trois éléments clés :

- **le nom de votre profil :** il doit traduire votre positionnement et être cohérent d'une plateforme à l'autre ;
- **votre photo :** elle doit être professionnelle, mais pas ennuyeuse ;
- **votre biographie :** réfléchissez à une biographie concise et engageante qui reflète votre expertise et votre personnalité.

*Flashez ce QR code pour voir un exemple de profil réussi :*

Cohérence, authenticité et transparence sont des maîtres mots dans le développement de votre marque personnelle. Partagez vos réussites, mais aussi vos ratés, avec votre audience. Plus elle peut s'identifier à vous, plus vous créerez des liens forts.

Maintenant, il faut passer à l'action pour itérer et s'améliorer. Voici trois conseils pour vous y aider et optimiser la création de vos contenus.

**Planifier**

Prenez le temps de poser vos objectifs de contenu à publier en vous laissant la possibilité de rebondir sur les tendances du moment.

- Instaurez des créneaux uniquement dédiés à la production de vos photos et vidéos. C'est ce qu'on appelle « un planning éditorial ».
- Prenez un calendrier hebdomadaire et indiquez chaque jour une idée de publication, selon vos envies et les actualités.

**Préparer**

Chaque prise de parole doit être préparée, quel que soit son format.

- Rédigez une feuille de route pour les contenus que vous souhaitez produire.
- Élaborez une checklist avec tout ce dont vous avez besoin pour faciliter votre shooting.
- Laissez parler votre créativité et votre inspiration, amusez-vous !

**Organiser**

Grâce à votre préparation, vous allez pouvoir produire votre contenu efficacement et sans oublier le moindre détail.

- Suivez votre feuille de route à la lettre et vérifiez que vous avez tous vos éléments !
- Organisez vos contenus pour faciliter les retouches et le montage, mais aussi pour les retrouver plus facilement.
- L'avantage de mettre en place des créneaux pour la production est que vous ne perdez pas de temps à installer votre matériel !
- Si vous êtes en manque d'inspiration pour créer une légende, une vidéo, un live, un texte ou même pour une idée de contenu sur un thème précis, ChatGPT ou Gemini sont vos amis pour vous aider à générer ou affiner vos idées.
- Vous pouvez aussi brainstormer avec vos amis, vos proches ou les autres *social sellers*.
- Inspirez-vous des réseaux sociaux et adaptez votre tonalité, votre voix, vos textes en fonction de votre marque personnelle. Reprendre des tendances fait partie intégrante des réseaux sociaux. Sur TikTok, c'est même une stratégie à part entière.

**Voici quelques axes de contenu pour enrichir votre storytelling.**

- **Histoires personnelles : partagez des histoires qui montrent votre parcours, vos réussites et vos apprentissages.**
- **Cas d'étude : présentez des études de cas ou des exemples concrets pour illustrer vos propos.**
- **Émotion : utilisez des récits qui évoquent des émotions pour créer une connexion plus forte avec votre audience.**

Un contenu peut être recyclé presque à l'infini. L'excuse du « je n'ai pas de contenu » n'existe donc pas. Changer le son, le texte sur un même contenu vidéo suffit à en créer un tout nouveau. Un contenu publié il y a trois mois peut être recyclé sans problème. Un contenu utilisé sur Instagram peut l'être sur TikTok, LinkedIn ou encore Facebook en y apportant quelques modifications. On a souvent l'impression que lorsqu'on a publié un contenu, tout le monde l'a vu et qu'il devient redondant et répétitif. Croyez-en notre expérience, il faut une très grosse visibilité et beaucoup de répétitions avant qu'un contenu ne devienne lassant. Le pire qui puisse donc vous arriver, c'est qu'un plus grand nombre d'internautes lisent vos contenus.

Solenne Bocquillon-Le Goaziou, dirigeante de Soft Kids, explique cela très bien lorsqu'elle raconte qu'elle a repris des contenus déjà publiés en les retravaillant et en les postant à nouveau afin de créer de la régularité. Cela lui a permis d'augmenter considérablement son nombre de followers et son audience sur LinkedIn.

## Pratiquez le marketing d'attraction et l'art du *storytelling*

Le marketing d'attraction, notamment sur les réseaux sociaux, repose sur la création de contenus de qualité et la construction de relations authentiques pour attirer naturellement un public cible intéressé par votre offre. Cette approche diffère du marketing traditionnel qui consiste à pousser activement des messages publicitaires vers les consommateurs.

Poster l'image d'un produit ou d'un service sur votre compte n'intéressera personne. Votre compte n'est pas la version digitale d'un catalogue, encore moins un prospectus publicitaire.

Il est essentiel de créer des contenus qui répondent aux problématiques de votre cible et qui lui donnent envie d'en savoir plus. C'est là qu'intervient l'art du *storytelling*.

**Le *storytelling* peut être défini comme l'art de raconter des histoires en utilisant des mots, des images, des sons et des expériences pour engager une audience, transmettre un message et provoquer une réponse émotionnelle. Les éléments clés du *storytelling* incluent :**

- **les personnages : des protagonistes auxquels l'audience peut s'identifier ou s'attacher ;**
- **un conflit : un défi ou un obstacle qui créent de la tension et de l'intérêt ;**
- **une intrigue : la structure de l'histoire, incluant le début, le développement, le climax et la résolution ;**
- **le message : le thème ou la morale de l'histoire, ce que le narrateur veut transmettre ;**
- **l'émotion : la capacité de l'histoire à provoquer des sentiments chez l'audience, tels que la joie, la tristesse, la peur ou l'excitation.**

**Au XXe siècle, les entreprises ont commencé à utiliser le *storytelling* pour créer des marques et des campagnes publicitaires qui résonnent émotionnellement avec les consommateurs. La campagne *Just do it* de la marque Nike en est un bon exemple. Le slogan est souvent accompagné de vidéos d'athlètes qui surmontent des épreuves.**

Au XXIe siècle, les plateformes *social media* (YouTube, Instagram, TikTok, LinkedIn...) et les outils de création de contenus permettent à chacun d'écrire sa propre histoire et d'utiliser le *storytelling* pour créer de l'intérêt, de l'émotion, de l'influence et inciter un passage à l'action.
Plutôt que de mettre le visuel d'un produit, aussi beau soit-il, racontez votre histoire et/ou votre expérience avec ce produit.
Utiliser la technique du *storytelling* dans le cadre du marketing d'attraction est très puissant.

*Flashez ce QR code pour un exemple de* storytelling *réussi en* social selling *:*

## Le marketing d'attraction

**Objectif :** créer un contenu informatif, divertissant ou utile qui résonne avec votre audience cible. Plutôt que de chercher à vendre directement un produit ou un service, éduquez, inspirez ou divertissez votre public autour de votre niche, ce qui vous permettra d'établir ainsi une relation de confiance et de valeur.

**Comment faire du marketing d'attraction sur les réseaux sociaux à partir de votre public cible ?**

**Créez du contenu engageant.** Produisez du contenu varié et attrayant : articles de blog, vidéos, infographies, podcasts, etc. Soyez créatif pour capter l'attention.

**Utilisez la puissance des histoires.** Les récits captivants et authentiques attirent souvent l'attention et créent des liens émotionnels avec votre audience.

**Soyez régulier et persévérant.** La cohérence dans la publication de contenu est essentielle pour maintenir l'intérêt de votre audience.

**Utilisez les bonnes plateformes.** Identifiez les réseaux sociaux préférés de votre public et concentrez vos efforts sur ces plateformes.

**Engagez votre audience.** Répondez aux commentaires, posez des questions, encouragez les discussions, multipliez les sondages et montrez que vous êtes présent pour votre communauté.

**Optimisez pour le SEO (*Search Engine Optimization* qui signifie en français : « Optimisation pour les moteurs de recherche »).** Utilisez des mots clés pertinents pour que votre cible trouve plus facilement votre contenu sur les réseaux sociaux et les moteurs de recherche.

**Utilisez des appels à l'action (*Call To Action* – CTA).** Incitez votre audience à interagir davantage en ajoutant des CTA dans votre contenu : « Clique ici si tu veux en savoir plus. »

**Favorisez l'interaction et le partage.** Encouragez votre public à partager votre contenu s'il le trouve utile ou intéressant.

**Mesurez et analysez les résultats.** Utilisez des outils d'analyse pour suivre les performances de votre contenu et ajuster votre stratégie en conséquence.

**Personnalisez votre proposition.** Adaptez votre offre en fonction des besoins spécifiques identifiés pendant la conversation. Proposez une solution personnalisée plutôt qu'une approche standard. Si vous n'avez pas la réponse immédiatement, n'hésitez pas à dire que vous allez creuser et revenir vers votre interlocuteur. Prendre le temps de vous assurer que votre offre est la plus adaptée en prenant conseil auprès de vos pairs, d'autres *social sellers* ou via les outils de formation dont vous disposez est un gage de sérieux très apprécié par les clients.

**Soyez convaincant dans votre présentation.** Utilisez des exemples concrets ou des études de cas pour étayer vos arguments. Articulez les avantages de manière qu'ils résonnent avec les besoins spécifiques du client. S'il a des problèmes de perte capillaire sur des cheveux fins, par exemple, lui recommander un produit qui va réduire la chute tout en densifiant les cheveux montre qu'au-delà de sa problématique initiale, vous avez également tenu compte de préoccupations secondaires qu'il a partagées avec vous.

**Répondez aux questions et objections de manière constructive.** N'hésitez pas à lister les principales objections et questions qui vous viennent à l'esprit ou auxquelles vous aurez à faire face lors de vos échanges, et préparez des réponses. Veillez à ce qu'elles soient claires et convaincantes. Et enrichissez votre liste au gré de vos échanges et des nouvelles situations auxquelles vous serez amené à faire face. Plus vous serez préparé, plus vous serez à l'aise avec votre interlocuteur. Certains profitent même de leur intervention pour anticiper les principales objections qu'ils ont déjà rencontrées et y répondre avant même que ces questions leur soient posées. Les principales objections en matière de vente concernent le prix des produits. Gardez en tête qu'une objection est toujours la même demande déguisée : pourquoi acheter ce produit plutôt qu'un autre ? Qu'est-ce qui justifie son prix ? Ces questions vous invitent de façon détournée à justifier le prix et le choix de votre produit. Pour les autres sujets, cherchez, en posant des questions, à comprendre le « pourquoi » derrière l'objection pour y répondre.

**Appelez au passage à l'action.** Indiquez au client quelle est la prochaine étape. Définissez un appel à l'action clair et incitatif pour conclure la vente.

*Exemple*
*Vous recommandez des services de marketing digital et vous avez eu une discussion approfondie avec un client potentiel qui a montré un fort intérêt pour votre offre. Après avoir présenté vos services et discuté en détail de leurs avantages pour son entreprise, voici comment vous pourriez conclure la conversation en utilisant un appel à l'action clair et incitatif :*

*« Je suis ravi que notre discussion vous ait intéressé et que vous ayez trouvé nos services pertinents. Pour en mesurer le potentiel, voici ce que je vous propose : nous pouvons convenir d'une séance de démonstration gratuite pour que je vous montre concrètement comment vous pourriez bénéficier de nos stratégies. Seriez-vous disponible pour une réunion (un appel téléphonique, une visioconférence) la semaine prochaine ? Mardi, à 11 heures ? Nous pourrions ainsi en discuter plus en détail et établir un plan d'action concret. Cela vous permettra de voir exactement comment nous pouvons travailler ensemble pour atteindre vos objectifs. Qu'en pensez-vous ? »*

Dans cet exemple, l'appel à l'action est clair et incitatif. Il propose une prochaine étape spécifique (une réunion ou un call), mentionne les avantages pour le client (visualisation concrète des stratégies proposées) et fixe un moment précis pour passer à cette étape (la semaine suivante, mardi, à 11 heures). Cette posture incite le client à prendre une décision et à s'engager dans une démarche plus concrète pour avancer dans le processus d'achat.
En *social selling*, vos futurs clients vont d'abord adhérer à qui vous êtes avant d'acheter un produit ou un service. Ils auront envie de vous connaître, de vous faire confiance et d'aller vers

vous pour obtenir vos recommandations. Cherchez d'abord à comprendre le problème du client auquel vous répondez, et orientez vos contenus et vos communications autour de ce ou ces thèmes.

## Soyez méthodique, concentré sur les bons objectifs et l'analyse des résultats

On peut passer beaucoup de temps à créer le meilleur contenu du monde sans obtenir les résultats attendus faute d'appliquer la bonne stratégie. La dure réalité, c'est que si la qualité du contenu est essentielle (la notion de qualitatif varie d'un réseau social à un autre en fonction de leur positionnement), il existe des facteurs beaucoup plus importants qui entrent en jeu dans la performance de vos réseaux sociaux.

Votre seul objectif étant de développer votre chiffre d'affaires, tout le reste doit être un moyen d'y parvenir.
La performance de votre compte peut s'évaluer en quatre indicateurs :

- **la visibilité (*reach*) ;**
- **l'engagement ;**
- **la transformation (concrétisation d'une action) ;**
- **le nombre de followers.**

Le nombre de followers vient en quatrième position car ce n'est pas le plus important. Si vous réussissez à remplir les trois premiers objectifs, il suivra plus naturellement.
Votre enjeu principal, c'est que les contenus que vous publiez soient visibles et qu'ils suscitent de l'interaction. Un très beau contenu, même tout à fait pertinent, ne sert à rien s'il n'est vu que par trois internautes… et un magnifique contenu vu par de nombreuses personnes n'a pas beaucoup d'utilité s'il ne vous permet pas de générer de l'interaction ou de l'engagement.
Vous devez donc être obsédé par la visibilité (le plus souvent appelée « *reach* ») et l'engagement dans un premier temps, puis par votre capacité à transformer ces interactions en business.
Ce qui compte en *social selling*, c'est d'abord la capacité à transformer une audience en clients, et donc le niveau d'engagement et la qualité des interactions que vous êtes capable de créer vs le volume de personnes qui vous suivent. Ne tombez pas dans ce piège.

Il vaut mieux 200 followers qui s'intéressent vraiment à ce que vous proposez, que 10 000 qui ne l'ont pas compris et ne s'engagent pas avec vous. Un client vaut bien mieux qu'un follower.

## La visibilité (*reach*)

La visibilité de vos contenus, c'est à dire le nombre de personnes qui les voient, dépend beaucoup des algorithmes et il faut donc jouer le jeu. On peut différencier trois types de *reach* :

- ***reach* organique :** nombre de personnes qui voient votre contenu de manière naturelle, sans promotions payantes. Il se mesure par le nombre de vues naturelles sur le contenu et le nombre de vues d'utilisateurs uniques ;

- ***reach* payant :** nombre de personnes qui voient votre contenu grâce à des publicités payantes. On va mesurer la performance d'une campagne en fonction d'un budget investi et du nombre de vues que cela a généré. On parle alors de contenu sponsorisé ;

- ***reach* viral :** nombre de personnes qui voient votre contenu grâce aux partages, mentions et interactions d'autres utilisateurs.

Vous pouvez développer votre business dans le *social selling* uniquement via le *reach* organique et viral. La très grande majorité des *social sellers* qui travaillent avec Jolimoi ne font d'ailleurs pas de contenus sponsorisés.
Pour capitaliser sur le *reach* organique et viral, il faut se tenir au courant des règles des plateformes. Certains contenus seront plus mis en avant que d'autres : par exemple les *reels* sur Instagram, et plutôt les stories que les images. Et un *reel* avec une musique en vogue aura plus de chances d'être vu. La bonne nouvelle, c'est qu'il y a beaucoup d'informations accessibles gratuitement en ligne pour se tenir informé et, d'un point de vue pratique, rien ne vaut le « *test & learn* » et l'A/B testing (méthode de comparaison de deux versions d'une page web, d'une application ou d'un élément marketing pour déterminer laquelle est la plus performante) pour comprendre ce qui fonctionne pour votre niche et votre audience.

Voici quelques clés à avoir en tête pour booster la visibilité de vos contenus :

- **fréquence de publication ;**
- **diversité dans les formats publiés** : photo, vidéo, *reel*, live, vlog (blog vidéo), post ou stories ;
- **régularité de publication ;**
- **capacité à générer de l'intérêt et des interactions** (sondages, enregistrements, partages).

La diffusion et la visibilité de vos contenus auprès des utilisateurs des plateformes sociales vont essentiellement dépendre des algorithmes (des outils de calcul) des plateformes. Ces algorithmes prennent en compte différents critères, évoluent régulièrement et varient d'une plateforme à une autre. L'algorithme TikTok fonctionne très différemment de celui d'Instagram, ce qui vous oblige à adapter votre stratégie de contenu pour en tirer parti. Cela ne veut pas dire que vous ne pouvez pas optimiser votre temps en recyclant du contenu vidéo créé pour Instagram sur TikTok, par exemple, seulement il faudra faire des adaptations : durée de la vidéo, ciblage des thématiques abordées. Par exemple, sur TikTok, il faut être très focalisé sur un thème comme la vente de produits ou le recrutement d'autres *social sellers*. Avoir deux comptes très ciblés et différenciés est la bonne stratégie à adopter alors que vous pouvez plus facilement aborder ces deux axes sur un même compte sur Instagram et performer.
Pour rendre leurs contenus visibles et attractifs, les *social sellers* appliquent une méthode qui a fait ses preuves dans la publicité traditionnelle : la méthode du *hook*.
Cette méthode, souvent utilisée en rédaction et en marketing, vise à capter l'attention du lecteur dès le début du texte. Le terme anglais *hook* signifie littéralement « crochet » : l'objectif est d'accrocher l'intérêt du lecteur pour l'inciter à continuer sa lecture. Il existe plusieurs types de hooks, chacun ayant une approche différente pour attirer l'attention :

- **question engagée :** poser une question pertinente qui incite le lecteur à réfléchir ou à vouloir connaître la réponse.
  *Exemple : « Avez-vous déjà ressenti que vos journées manquaient de direction et de but ? »*
- **déclaration choquante ou intrigante :** asséner une affirmation surprenante ou controversée.
  *Exemple : « Dans cinq ans, les métiers tels que nous les connaissons n'existeront plus. »*
- **citation :** utiliser une citation puissante ou inspirante.
  *Exemple : « Comme le disait Einstein, "La folie, c'est de faire toujours la même chose et de s'attendre à un résultat différent." »*

- **anecdote :** raconter une courte histoire personnelle ou une anecdote pertinente.
  *Exemple : « Lorsque j'ai quitté mon emploi pour voyager autour du monde, je ne savais pas que cette décision changerait ma vie à jamais. »*

- **statistique ou fait :** présenter une statistique étonnante ou un fait intéressant.
  *Exemple : « Saviez-vous que 60 % des adultes ne lisent pas plus d'un livre par an ? »*

Le *hook* est généralement placé au tout début d'un texte, que ce soit un article, un essai, une publicité ou même un discours. L'idée est de susciter suffisamment d'intérêt pour que le lecteur ou l'auditeur continue à s'engager sur le contenu.
Un bon *hook* doit être :

- **pertinent :** en lien avec le sujet traité ;
- **captivant :** capable de susciter la curiosité ou l'émotion ;
- **clair et concis :** compréhensible immédiatement.

Utiliser un *hook* dans une campagne publicitaire peut augmenter le taux d'engagement.
*Exemple : « Voulez-vous doubler vos ventes en six mois ? Découvrez comment y parvenir ! »*

Rédaction Web : dans un blog ou un article en ligne, un *hook* efficace peut réduire le taux de rebond et augmenter le temps passé sur la page.
*Exemple : « Pourquoi 90 % des start-up échouent-elles ? La réponse pourrait vous surprendre. »*

La méthode du *hook* est donc une technique puissante pour capter l'attention dès les premières secondes, un élément crucial dans un monde saturé d'informations.

*Flashez ce QR code pour découvrir un exemple de* hook *en* social selling *:*

Faites de l'A/B testing (une technique marketing utilisée pour comparer deux versions d'une même interface). Vous avez une histoire et/ou un propos à raconter ? Réfléchissez à deux *hooks* différents, l'un qui les tourne positivement et l'autre négativement, voyez ce qui se passe et le contenu qui fonctionne le mieux pour votre audience.

*Exemple : vous voulez parler d'un service de location de voitures entre particuliers et partager votre expérience.*

**Accroche positive :** « J'ai découvert le service xxx qui va changer mes week-ends… »

**Accroche négative :** « J'ai vécu la pire expérience de ma vie un week-end quand ma voiture est tombée en panne. »

Je te raconte en story ou en légende.

## Astuce pour booster vos contenus

Sur Instagram, vous pouvez rechercher les sons *trending* (tendance) et les enregistrer pour les réutiliser sur vos contenus.

*Flashez ce QR code pour voir comment sauvegarder les sons* trending *:*

**Le terme anglais *reel* veut dire « bobine ». Ce terme fait référence à la bobine d'un film.**

## L'engagement

L'engagement se mesure au nombre d'interactions que vous suscitez sur un contenu : le nombre de likes, de commentaires, de partages, de réponses à un sondage, d'enregistrements.

La meilleure façon de booster l'engagement sur vos publications est de diversifier les stratégies et de tester ce qui fonctionne le mieux pour votre audience.

Testez les modes d'interaction préférés de votre audience.
Posez une question en légende d'un post et voyez le nombre de personnes qui y répondent.
Faites un sondage en story et regardez le nombre de réponses.
Préparez un contenu pertinent et regardez le nombre d'enregistrements.

## La transformation (concrétisation d'une action)

En tant que *social seller*, votre performance se mesure in fine au nombre de clients que vous arrivez à générer et donc au chiffre d'affaires réalisé.
Lorsque vous développez une équipe, votre performance peut s'apprécier au nombre de personnes qui la rejoignent.
Votre capacité à atteindre un objectif de vente ou de recrutement dépend de l'adéquation entre votre audience (le profil et les centres d'intérêts de vos followers) et ce que vous proposez. Vous ne pouvez pas arriver comme un cheveu sur la soupe et présenter vos produits ou votre solution sans valider l'intérêt de votre prospect et créer une connexion personnelle préalable. Trop souvent, sur les réseaux sociaux notamment, les vendeurs envoient des messages types pour proposer leur service ou produit à des personnes avec lesquelles ils n'ont jamais eu le moindre échange. Cette attitude, malheureusement assez répandue, ternit l'image du *social selling* car elle va précisément à l'encontre de la création de relations réelles et durables qui différencie le *social seller* du vendeur.
Cherchez à créer un lien personnel dès le début de la conversation. Établissez une relation de confiance en montrant votre expertise et votre intérêt sincère pour le client. Pratiquez l'écoute active en prêtant une attention totale et engagée à ce que dit l'autre, en comprenant ses propos et en montrant de la bienveillance par des gestes et des réponses appropriées. Écoutez attentivement les besoins et les interrogations de votre client potentiel. Prenez des notes pour assurer un suivi pertinent, ce qui montrera aussi que vous accordez de l'importance à ses préoccupations.

Posez-lui des questions, en préférant les questions ouvertes (qui appellent une réponse comprenant des détails) aux questions fermées (auxquelles la réponse est « oui » ou « non »). Creusez pour découvrir des éléments sous-jacents et des défis non énoncés. Par exemple, un client vous indique qu'il a des problèmes d'acné. Posez-lui des questions sur le type d'acné, la fréquence des crises, depuis combien de temps cela dure, ce qu'il fait actuellement pour en venir à bout, ce qui lui convient, ce qui ne lui convient pas et pourquoi, la façon dont sa peau réagit, etc. Plus vous aurez d'informations et de compréhension de son cas spécifique, de ses attentes et de ses besoins, plus la réponse que vous lui apporterez sera pertinente et contribuera à créer du lien sur le long terme.
Si, dans la vie quotidienne, engager une conversation avec des inconnus sur le sujet approprié à la situation rencontrée est simple, c'est un peu différent sur les réseaux sociaux. La meilleure méthode dans ce cas est d'utiliser les outils d'interaction disponibles sur les différentes plateformes.

### Le nombre de followers

Le nombre de followers témoigne de votre notoriété et vous donne plus de puissance sur les réseaux sociaux. Accroître votre nombre de followers vous permet de créer de la crédibilité, de la réassurance et de la sécurité. On fait naturellement davantage confiance à une personne qui a plusieurs milliers de followers que quelques centaines. Cela peut également vous aider à établir des partenariats de qualité avec d'autres comptes ou marques, instaurant ainsi un cercle vertueux d'influence. Mais le nombre de followers doit toujours être regardé en parallèle du taux d'engagement et du taux de transformation.

## En conclusion

Construire une marque personnelle et une communauté sur les réseaux sociaux demande du temps, de la stratégie et de la cohérence. La régularité et la persévérance sont clés, il faut être patient. En appliquant ces concepts de base, vous pouvez créer une présence en ligne forte, authentique et engageante qui vous démarquera dans votre domaine. La création et la publication de contenus font partie du métier de *social seller*, mais toujours dans un temps dédié précis et avec des objectifs clairs. Rien n'est fait au hasard. Cela n'empêche en aucun cas d'être authentique, mais être efficace s'organise.

Voici les cinq clés à retenir :

- définir sa niche ;
- pratiquer le marketing d'attraction et l'art du *storytelling* ;
- travailler sa marque personnelle ;
- rester concentré sur les bons objectifs ;
- être curieux, tester, recommencer.

Les *social sellers* qui réussissent sont à l'écoute de leur audience : ils récoltent des feedbacks, testent, analysent et améliorent en continu leurs contenus.

### Ressources pour aller plus loin

De nombreux tutoriels sont proposés par les plateformes elles-mêmes ou par les créateurs de contenus sur YouTube et Instagram.

Certaines sociétés comme **Hootsuite** proposent des études de tendances sur les réseaux sociaux.

**Le rapport annuel HubSpot :** HubSpot et Meltwater se sont associés pour vous proposer un rapport complet et approfondi qui présente les objectifs et défis des réseaux sociaux (rapport gratuit à télécharger).

**Outils pour le suivi de la performance :** Facebook Insights, X (ex-Twitter) Analytics, Google Analytics.

***From zero to hero : bâtir son influence sur les réseaux***, Caroline Mignaux, Paris, Eyrolles, 2024. Ce guide pratique vous aidera à construire votre marque personnelle sur les réseaux sociaux. Un atout dans le développement de son activité en *social selling*.

**Marketing Square**, Caroline Mignaux, 2024, épisode 391, *10 étapes pour créer son Personal Branding*, podcast au format vidéo disponible sur YouTube.

**Le Super Daily par Supernatifs**, Thibault Tourvieille de Labrouhe avec Adjan Chelil et Camille Poignant, 2024, épisode 1161, *Transformer ChatGPT en machine à idées pour vos marronniers Social Media*, podcast disponible au format audio sur Spotify.

### Autres ressources

Chez Jolimoi, vous bénéficiez d'un accès gratuit à l'**Académie social selling Jolimoi** et à l'accompagnement de coachs qui pratiquent au quotidien le *social selling* et vous apprennent les bons réflexes.

*Flashez ce QR code pour accéder à un module de l'Académie social selling Jolimoi :*

L'œil de l'expert

## Kim Peres

Consultante en réseaux sociaux et influence, Kim Peres enseigne à Sup de Pub; Elle a contribué à la formation des *social sellers* Jolimoi pendant quatre ans.

**Vous avez participé à la création de l'*Académie social selling* chez Jolimoi, dont la première version a été lancée en 2021. Quel est votre regard sur le *social selling* ?**
Ayant été l'une des premières community managers en France, j'ai très vite compris qu'il fallait réaliser un énorme travail de pédagogie pour faire comprendre que les réseaux sociaux et les créateurs de contenus n'étaient pas qu'une « blablasphère », mais de réels leviers de business. Depuis le lancement de l'Académie *social selling* Jolimoi en 2021, la plus grosse évolution est clairement l'accélération de la temporalité ! De nouvelles tendances émergent désormais chaque semaine, et il faut savoir les saisir toujours plus rapidement pour capitaliser dessus et booster sa visibilité sur les réseaux, car ce sont de véritables opportunités ! Cela implique une veille permanente et un calendrier éditorial plus souple afin de pouvoir produire des contenus chauds en restant réactifs.

**Quels sont vos trois conseils à un *social seller* qui débute ?**
Premièrement, définis ta ligne éditoriale et suis-la : la cohérence de tes contenus est la clé d'un compte attractif. Deuxièmement, *test & learn* ! Varie les formats et trouve ce qui génère le plus d'engagement auprès de ta communauté. Et enfin : ose ! N'aie pas peur qu'un contenu floppe : un contenu publié est toujours une opportunité de toucher quelqu'un, de vendre un produit ou, dans le pire des cas, d'apprendre. Sois cohérent dans tes publications, le *social selling* n'est pas un sprint, mais un marathon. C'est sur la durée que tu construiras un vrai engagement avec ton audience grâce à tes contenus.

**Quelles sont vos astuces préférées sur les réseaux pour renforcer la visibilité d'un compte ?**

La première chose à faire, c'est surtout de renforcer la visibilité auprès de l'audience déjà abonnée. Et pour cela, rien de plus efficace que de publier des stories tous les jours. C'est un format éphémère, alors ne te prends pas trop la tête : elles doivent être simples et très authentiques. Pour booster leur visibilité auprès d'une nouvelle audience, je recommanderais plutôt les publications partagées avec des personnes ayant une communauté affinitaire, et enfin, l'utilisation des audios populaires ainsi que des mots clés dans les publications, qui sont extrêmement efficaces.

### Quels sont vos *hacks* préférés pour booster l'engagement ?

Mes *hacks* (ces astuces pour « craquer », trouver une solution rapide et astucieuse à un problème) préférés sont sans hésiter les outils d'interactions disponibles en stories ! Les boîtes à questions, les sondages, les jauges, les quiz, etc. permettent aux algorithmes d'identifier les personnes intéressées par les contenus grâce à leurs interactions « gamifiées ». Les contenus leur seront alors davantage poussés, ainsi qu'aux audiences similaires. C'est tout bénéfice et c'est en plus une source inépuisable d'idées pour créer des contenus attendus par les abonnés.

### Quels sont vos *hacks* préférés pour booster la transformation ?

Pour une recommandation convaincante, il faut contextualiser l'utilisation des produits en parlant directement à sa communauté par le prisme de références communes, auxquelles les clients vont s'identifier. Les *hauls* (*haul* veut dire « butin » en français ; le principe est de se filmer en train de déballer les vêtements qu'on vient de recevoir ou d'acheter devant sa communauté), les *unboxing* (pratique qui consiste à montrer l'ouverture d'un colis sur les réseaux sociaux pour en commenter le contenu), les tutos, les *Get Ready With Me* (Prépare-toi avec moi), c'est super, mais déjà vu et revu ! Il faut se distinguer en trouvant le twist personnel qui va rendre le produit ultra-désirable. Par exemple, plutôt que de faire un tuto classique d'un maquillage pour une grande occasion, prendre l'angle : « 5 essentiels à moins de xx euros pour un maquillage digne du festival de Cannes ».

### Quels sont les trois outils à connaître et à maîtriser absolument pour performer ?

Le premier outil à maîtriser, c'est l'appareil photo de ton smartphone ! Il y a tout un tas de réglages à apprendre et à tester (comme filmer en 4K et privilégier la caméra arrière plutôt que la caméra selfie, par exemple) pour créer du contenu de qualité. Ensuite, pour le montage vidéo, je recommanderais l'application CapCut, qui est hyper-intuitive et permet de réaliser des montages extrêmement qualitatifs, des effets, mais aussi de générer des sous-titres. Et enfin, Canva, une sorte de Photoshop simplifié, qui permet de créer des contenus marqués à tes couleurs et à ta ligne éditoriale très facilement. Mais utilise surtout les outils qui fonctionnent le mieux pour toi ! L'important, c'est de ne pas perdre trop de temps à utiliser de nouveaux outils si ceux que tu utilises déjà te conviennent. Aujourd'hui, les algorithmes favorisent les contenus originaux. Alors il faut être productif pour performer et créer régulièrement du contenu de qualité.

### Faut-il automatiser ou non ses comptes (bots, etc.), et quelles conditions réunir pour le faire intelligemment ?

Je suis plutôt contre dans le cadre du *social selling*, car c'est l'authenticité, la proximité de la recommandation qui vont en faire une réussite business. Convaincre avec un discours qui n'est pas personnalisé ou des contenus récupérés, c'est contre-productif. La seule automatisation à laquelle j'inciterais, c'est la programmation des publications, d'autant que vous pouvez désormais le faire directement depuis les applications. Cela permet d'optimiser les horaires de *posting* sans être scotché 24/24 à votre smartphone.

### Comment voyez-vous le futur du *social selling* en général ? Pour les *social sellers* Jolimoi ?

Nous assistons à une période charnière des réseaux sociaux avec ce que j'appelle la « DMnisation » des plateformes, c'est-à-dire le fait d'interagir directement via les messages entre personnes (DM signifiant *« direct message »*). Il y a un réel renouveau des usages, car l'on se connecte davantage sur Instagram, TikTok ou Facebook pour échanger en privé avec nos proches plutôt que pour scroller à l'infini des contenus assez similaires. Toutes les nouvelles fonctionnalités des différentes plateformes tendent d'ailleurs vers cela (les canaux de discussion sur Instagram, les *streaks* sur TikTok directement inspirés de Snapchat...). Il va donc te falloir être toujours plus inventif pour intégrer cette sphère privée de tes clients et performer dans le *social selling*. Alors stop à la course effrénée aux abonnés : mieux vaut une base solide vraiment engagée avec laquelle tu interagis quotidiennement que des milliers d'abonnés passifs pour réussir ton business !

L'œil de l'expert

## Caroline Mignaux

Caroline Mignaux est entrepreneure, podcasteuse « Marketing Square » (plus de 1,5 million d'écoutes), conférencière et autrice. Elle fait partie de LinkedIn Top Voice.

**Via votre agence, vous accompagnez des experts du *social selling* dans leurs contenus. D'après vous, quel est le meilleur réseau pour développer du *social selling* ?**
Le meilleur réseau pour développer du *social selling* dépend de la cible et du concept. Globalement, sur un public professionnel, LinkedIn, qui vient d'atteindre 900 millions d'utilisateurs, ou YouTube, sont redoutables et, généralement, Facebook ou Instagram sont incontournables !

**D'après vous, tout le monde peut-il se lancer en *social selling* ?**
Oui, Jolimoi et ses *success stories* le prouvent. Aujourd'hui, il suffit d'un profil social optimisé et de contenus ciblés sur vos thématiques pour commencer à vendre !

**Quels outils recommandez-vous pour réussir en *social selling* ?**
LinkedIn Sales Navigator est puissant pour la prospection et la gestion des contacts. Pour la page de vente, Webflow, Kajabi ou Framer font du très bon boulot ! Enfin, Stripe est le champion pour créer des liens de paiement personnalisés en un clic. J'adore !

**Pouvez-vous partager une campagne ou une vidéo sur TikTok qui a particulièrement bien fonctionné pour vous ou vos clients en termes d'engagement et de ventes ?**
Notre cliente de l'Agence Personnelle, Laurence Caisey, est arrivée chez nous en disant : « Je n'ai pas le profil pour les réseaux sociaux. Et puis il y a déjà mille marques de cosmétiques. » Détrompez-vous ! Les réseaux sociaux sont un jeu infini. Il y a toujours de la place et on peut même s'imposer de plus en plus vite ! Grâce à ses vidéos virales et à une ligne éditoriale créative (jusqu'à 3,5 millions de vues), Laurence a gagné plus de 35 000 abonnés en trois mois sur son compte TikTok.

*Flashez ce QR code pour voir un exemple de Horée :*

**Comment mesurez-vous l'efficacité de vos efforts de *social selling* sur TikTok par rapport à d'autres plateformes ?**

TikTok offre un potentiel de viralité et d'engagement dingue – même sans abonnés. On peut performer immédiatement ! Il faut en revanche prendre en compte le fait que c'est un réseau social où la qualité d'attention est très faible. Vous pouvez faire beaucoup de vues très vite, mais il sera difficile de faire sortir les utilisateurs de la plateforme, proportionnellement plus difficile qu'ailleurs sur le ratio vues/ventes. TikTok est donc recommandé pour des achats à prix peu élevé, faciles à ajouter au panier.

**D'après vous, faut-il être partout (tous les réseaux) quand on se lance en *social selling* ?**

Oui, on peut être partout, mais ma stratégie est de déployer un canal à la fois, en s'appuyant sur le précédent. Ceci afin de créer un écosystème surpuissant où chaque canal renforce l'autre, par l'effet des vases communicants.

**Comment voyez-vous l'avenir du *social selling* sur ces plateformes et sur d'autres réseaux sociaux émergents ?**

Au-delà du *social selling*, le *social commerce* (la possibilité d'acheter directement depuis les plateformes) va précipiter la rentabilité du *social selling*. La discipline va se démocratiser, se standardiser et s'optimiser pour devenir la nouvelle norme. Investissez maintenant, vous serez en avance demain !

*Flashez ce QR code pour découvrir la conférence sur le* personal branding *de Caroline Mignaux au Grand Palais Éphémère en 2023 :*

L'œil de l'expert

## Louis Marty

Louis Marty est cofondateur et CEO de Merci Handy, une société qui vend des cosmétiques du quotidien vegan et français.

**Qu'est-ce que le *social selling* évoque pour vous ?**
Dans ma (jeune) expérience, le *social selling* m'évoque une méthode qui utilise les réseaux sociaux pour interagir directement avec les clients potentiels, développer des relations de confiance et finalement faciliter les ventes. Cela implique non seulement de promouvoir des produits ou des services, mais aussi de partager des contenus pertinents, d'engager des conversations et d'établir une présence en ligne authentique et engageante.

> *« Au centre du* social selling *se trouve l'idée de valoriser les interactions humaines (digitales ou IRL, qui signifie* « in real life », *ou « dans la vie réelle ») dans le processus de vente, en reconnaissant que les décisions d'achat sont souvent influencées par les relations et les échanges sociaux. »*

**Une histoire personnelle avec le *social selling* ?**
Mon premier achat sur Internet, avec ma première carte bancaire. Un ami m'avait envoyé sur MSN (Messenger) un lien pour acheter une raquette de tennis qui était introuvable en Europe.
Je l'ai reçue trois mois plus tard et j'ai joué trois ans avec. Sans la recommandation de mon ami, le lien qu'il m'a envoyé et nos longues conversations, jamais je n'aurais commandé cette raquette qui venait d'Australie.

**Vous avez réussi à développer votre présence sur Instagram et TikTok de manière considérable pour votre marque Merci Handy.
Quels conseils pratiques donneriez-vous aux entrepreneurs qui veulent développer leur audience sur ces plateformes ?**
Avant tout, il est crucial de comprendre qui sont vos clients potentiels et ce qu'ils apprécient. Cela implique de connaître leurs habitudes

sur les réseaux sociaux, les types de contenus qu'ils consomment, et les problèmes qu'ils cherchent à résoudre. Selon moi, il faut :

- **créer un contenu de qualité et engageant :**
  le contenu est roi sur les réseaux sociaux. Il doit être visuellement attrayant, créatif et adapté aux spécificités de chaque plateforme. Sur Instagram, cela peut signifier des images haute résolution et des vidéos stylées. Sur TikTok, des vidéos courtes, dynamiques et souvent humoristiques fonctionnent bien ;
- **utiliser les fonctionnalités spécifiques de chaque plateforme :**
  elles ont toutes des outils et des fonctionnalités uniques qui peuvent aider à promouvoir votre contenu. Utilisez les stories Instagram, les *reels*, les *live streams*, ou encore les challenges et les duos sur TikTok pour augmenter votre visibilité ;
- **interagir avec votre communauté :**
  le *social selling* est basé sur la construction de relations. Répondez aux commentaires, participez à des conversations, et engagez avec d'autres comptes. Montrez que, derrière la marque, il y a des personnes réelles et accessibles ;
- **exploiter le marketing d'influence :**
  collaborer avec des influenceurs qui résonnent avec votre marque peut vous aider à atteindre une audience plus large et plus pertinente. Choisissez des partenaires qui partagent les valeurs de votre marque et ont une communauté engagée ;
- **analyser et ajuster :** utilisez les outils analytiques disponibles sur ces plateformes pour suivre la performance de vos contenus. Analysez ce qui fonctionne et ce qui ne fonctionne pas, et ajustez votre stratégie en conséquence. Cela vous aidera à optimiser vos efforts et à mieux cibler votre audience ;
- **avoir consistance et patience :** le développement d'une audience prend du temps. Soyez régulier dans la publication de votre contenu et restez patient. Construire une marque de confiance et une communauté engagée ne se fait pas du jour au lendemain.

**TikTok est souvent associé à un public plus jeune et à un contenu plus axé sur le divertissement. Ce réseau est-il adapté au *social selling* ? Pour quoi et pour qui ?**

TikTok est le réseau de *social selling* le plus puissant pour nous. Voici les raisons.

- **Son audience massive et son engagement élevé :** TikTok a rapidement constitué une base d'utilisateurs globale, avec un engagement particulièrement élevé parmi les jeunes. Ces utilisateurs passent beaucoup de temps sur l'application et interagissent activement avec le contenu, offrant une opportunité pour les marques de capter leur attention.

- **Son format de contenu unique :** le format vidéo court de TikTok est idéal pour capter l'attention rapidement. Les marques peuvent utiliser ce format pour créer des contenus créatifs et immersifs qui mettent en avant leurs produits de manière divertissante et informative.
- **La viralité des contenus :** TikTok favorise la viralité grâce à son algorithme qui promeut les vidéos sur la base de l'engagement plutôt que sur celle du nombre de followers. Cela signifie qu'un contenu bien conçu a une bonne chance d'être vu par un grand nombre de personnes, même si la marque est relativement nouvelle sur la plateforme. Et là, tout le monde a sa chance.

### Quels sont les défis spécifiques que vous avez rencontrés lors de l'utilisation de TikTok pour la promotion de Merci Handy, et comment les avez-vous surmontés ?

Nous avions trois défis principaux en trois temps différents pour notre lancement sur la plateforme.

- Dans un premier temps, la création de contenu adapté en trouvant le ton juste pour parler à une audience principalement jeune, tout en mettant en avant les produits de beauté de manière attrayante et authentique.
- Une fois cette étape réussie, le second challenge est de maintenir son engagement. Sur une plateforme où les tendances changent très rapidement, maintenir un niveau constant d'engagement des utilisateurs avec une marque est difficile.
- Enfin, évaluer l'efficacité des campagnes sur TikTok et mesurer le retour sur investissement (ROI) est assez complexe, surtout dans un contexte omnicanal, car les conversions directes via TikTok ne sont pas toujours clairement attribuables.

Certaines ventes ont aussi beaucoup lieu en magasins. À la suite de notre campagne sur TikTok, un grand nombre de nos magasins nous ont signalé des ruptures de stocks sur notre produit.

### Pouvez-vous partager une campagne ou une vidéo sur TikTok qui a particulièrement bien fonctionné pour Merci Handy en termes d'engagement et de ventes ?

Nous avons une petite catégorie maquillage (avec notamment une huile à lèvres). En 2023, nous avons vendu 20 000 unités en quelques jours grâce à TikTok.

Évidemment, il faut un bon produit, c'est la base du *social selling*. Le choix de bons créateurs de contenus (pas du tout des experts maquillage, mais des gens passionnés), une *trend* (tendance virale sur les plateformes *social media*) bien choisie, une chanson où on disait le mot *lips*, un contenu hyper-authentique et un peu d'ASMR avec les usines de fabrication… la recette a été sublime.

**ASMR vient de l'anglais *Autonomous Sensory Meridian Response* et décrit un contenu qui suscite du plaisir à regarder, dit « satisfaisant ».**

*Flashez ce QR code pour voir un exemple de contenu ASMR :*

**Vous êtes vous-même très influent sur LinkedIn. Ce réseau se prête-t-il, d'après vous, au *social selling* ?**

Absolument, LinkedIn est l'une des plateformes les plus efficaces pour le *social selling*, surtout dans le contexte BtoB (*Business to Business*). Contrairement à Instagram et TikTok, qui sont souvent plus orientés vers le BtoC (*Business to Consumer*), LinkedIn permet de cibler des professionnels et des entreprises, ce qui en fait un outil puissant pour les ventes et le réseautage professionnel.

**Pouvez-vous partager une expérience significative où vous avez utilisé LinkedIn pour développer des opportunités commerciales ou élargir votre réseau professionnel ?**

Il y en a eu beaucoup, mais la plus belle reste celle où j'ai décidé de contacter Netflix. Pendant la période du Covid, j'ai regardé *Stranger Things* et je me suis dit que je voulais absolument que Merci Handy collabore avec cette série (la plus regardée dans le monde). J'ai utilisé LinkedIn pour entrer en contact avec les équipes de Netflix, à Los Angeles. Différents posts sur la puissance Netflix, des réponses à des commentaires, un InMail et hop : un meeting a été organisé ! Et ensuite la magie a parlé. Netflix est devenu l'un de nos plus gros partenariats, grâce à la puissance des réseaux.

**Quels conseils pratiques donneriez-vous aux entrepreneurs ou aux professionnels qui cherchent à tirer parti de LinkedIn pour le *social selling* ?**

Mes conseils sont assez simples, mais efficaces.

- **Optimisez votre profil LinkedIn :** vous devez le voir comme votre carte de visite numérique. Assurez-vous qu'il est complet, professionnel et à jour, avec toujours une touche personnelle (j'ai, par exemple, un émoji arc-en-ciel à la fin de mon nom). Incluez une photo de profil claire et professionnelle (mais pas trop ennuyeuse), un résumé détaillé qui met en avant vos compétences et vos réalisations, ainsi que des descriptions précises de vos expériences professionnelles. Ajoutez une touche de magie à votre profil.

- **Créez et partagez régulièrement du contenu de qualité qui ajoute de la valeur à votre réseau :** il doit être informatif, éducatif et engageant pour encourager les interactions. Évitez les articles qui renvoient vers d'autres sites ou plateformes (LinkedIn n'aime pas).
- **Engagez avec votre réseau :** interagissez régulièrement avec vos connexions en aimant, commentant, et en partageant leur contenu. L'engagement est une rue à double sens ; en soutenant les contributions des autres, vous augmentez la probabilité qu'ils interagissent avec les vôtres.
- **Et un conseil bonus, soyez vous-même.** Même sur LinkedIn et dans un contexte B2B, nous sommes des humains, avec une âme et des émotions.

**Quelles sont, selon vous, les clés du *social selling* sur LinkedIn, Instagram et TikTok, et comment adaptez-vous votre stratégie en conséquence ?**

Les clés du *social selling* sur LinkedIn, Instagram, et TikTok reposent principalement sur les audiences cibles et désirées, les types de contenu qui résonnent le mieux sur chaque plateforme et les objectifs spécifiques marketing.

**LinkedIn**
- **Audience :** professionnels et entreprises.
- **Contenu :** articles de fond, études de cas, posts sur le leadership éclairé, et contenu éducatif.
- **Objectif :** réseau professionnel, génération de *leads* B2B, et établissement de crédibilité dans l'industrie.
- **Stratégie :** mettez l'accent sur le développement de relations professionnelles, partagez des contenus qui mettent en avant votre expertise, et engagez directement avec des décideurs clés à travers des messages personnalisés et des contenus de haute qualité. Mais restez vous-même !

**Instagram**
- **Audience :** généraliste, tendance plus jeune, intéressée par le visuel.
- **Contenu :** images attrayantes, vidéos courtes et stories.

**TikTok**
- **Audience :** majoritairement jeune, intéressée par le divertissement et les tendances.
- **Contenu :** vidéos courtes, créatives, souvent humoristiques ou basées sur des tendances et des défis.
- **Objectif :** construction de marque, engagement et viralité.
- **Stratégie :** créez des contenus divertissants qui peuvent devenir viraux, participez à des défis, collaborez avec des créateurs de

TikTok pour atteindre et engager cette audience jeune.

En comprenant et en respectant les nuances de chaque plateforme, nous avons réussi à adapter notre stratégie de *social selling* pour toucher notre public de manière pertinente et efficace, en maximisant nos retours sur investissements et en dépensant très peu, mais avec énormément de tests et d'apprentissages.

**Pouvez-vous partager une leçon importante que vous avez apprise en utilisant le *social selling* sur LinkedIn et sur TikTok, et comment cela a influencé votre approche globale du marketing et des ventes chez Merci Handy ?**

Ne jamais se prendre pour quelqu'un d'autre. Merci Handy est une marque imparfaite. Nous ne sommes pas parfaits. Nous ne croyons pas au concept de perfection. Quand nous avons voulu faire des contenus parfaits (pour imiter certaines marques de luxe, certainement), nous nous sommes trompés et cela s'est retourné contre nous. Nous avions mis trop de cérébral dans nos contenus et pas assez d'émotionnel. Maintenant, chaque contenu doit nous faire sourire ou pleurer (de joie).

**Vous êtes un entrepreneur engagé. En quoi le *social selling* répond-il aux nouveaux enjeux de consommation ?**

Le *social selling* répond en tous points aux nouvelles tendances de consommation (plus de simple publicité). Il permet une interaction directe et personnalisée avec les consommateurs. Les marques peuvent répondre aux questions, résoudre les problèmes, et adapter leurs recommandations en temps réel, ce qui améliore l'expérience client et renforce la fidélité. Il offre également accessibilité et immédiateté : les consommateurs actuels recherchent une gratification instantanée.

**Quels sont les risques que vous associez au *social selling* ?**

Les risques sont facilement identifiables.

- **Dépendance aux plateformes :** une forte dépendance à des plateformes spécifiques peut être risquée, surtout au regard des changements fréquents dans les algorithmes et les politiques qui peuvent affecter la visibilité et l'engagement. Soyez présent sur deux ou trois plateformes de manière intense. Prenez des risques sur les nouvelles plateformes (nous sommes sur BeReal avec plus de 150 000 personnes qui nous suivent).
- **Gestion de la réputation :** les erreurs, les interactions négatives, ou les campagnes mal reçues peuvent rapidement devenir virales,

nuisant à la réputation de la marque dans un sens comme dans l'autre. Faites toujours valider les contenus à risque.

- **La saturation des réseaux :** avec tant de marques utilisant le *social selling*, il peut être difficile de se démarquer. En outre, trop de messages commerciaux peuvent ennuyer les utilisateurs, réduisant leur engagement.

## L'œil du terrain

Audrey Perez et Carole Kournwsky ont fondé et dirigent L'Agence des Copines. Elles sont également, depuis 2022, *social sellers* indépendantes au sein de la société Jolimoi, dans laquelle elles ont atteint des positions de managers d'équipes.

**Audrey et Carole, donnez-nous un ou plusieurs conseils pour se lancer sur les réseaux sociaux quand on veut faire du *social selling*.**

Le premier conseil, c'est d'arriver avec quelque chose à dire et à proposer : le fameux concept de niche ! Choisis ton sujet de prédilection, celui qui t'anime, et crée du contenu utile pour aider les autres. Ensuite, bien se former sur les produits que l'on conseille : c'est indispensable pour avoir un discours authentique et être crédible.

**Quels outils utilisez-vous sur une base régulière et quelles ressources recommanderiez-vous ?**

Les formations dispensées et régulières sur l'app business Jolimoi sont une mine d'or d'infos et de ressources. Sur les réseaux, c'est plus compliqué, car ils sont en constante évolution : nous sommes donc toujours en « veille » pour identifier les tendances et nouveautés et les transmettre à nos collaboratrices et nos coachées.

**Avez-vous des témoignages de réussite parmi toutes les personnes que vous avez accompagnées ?**

Nous sommes les preuves vivantes qu'on peut apprendre à utiliser les réseaux sociaux à tout moment ! Quand nous avons commencé, il n'existait pas (ou très peu) de formations aux réseaux sociaux, et encore moins adaptées au *social selling* ! Nous avons donc appris toutes seules, ce qui nous a demandé énormément de temps et d'investissement. Aujourd'hui, tout est différent : une personne qui se lance dans le *social selling* et qui ne sait pas utiliser les réseaux sociaux peut avoir accès à de nombreuses formations, et pour les personnes que nous accompagnons, des méthodes très concrètes à appliquer pas à pas. Comme Anne, sur TikTok, réseau social sur lequel elle n'avait jamais mis un pied : en six mois, elle a réuni plus de 28 000 abonnés et gagne plus de 3 000 € par mois. Et cela marche aussi pour les hommes ! Cédric Blevarque, sur Facebook, est un bon exemple. Infirmier de profession, en travaillant à temps plein il génère environ 1 000 € de revenus mensuels.

# 9

# Concrétiser vos ventes et fidéliser vos clients

Ce chapitre vous plonge au cœur du processus de concrétisation des ventes, et vous dévoile les stratégies éprouvées pour convertir les prospects en clients fidèles, qu'il s'agisse de vendre un produit physique, un abonnement, un service ou une opportunité. Des tactiques efficaces, des études de cas inspirantes et des conseils pratiques vous guideront sur l'art de transformer les opportunités en succès commercial concret.

# Introduction

Le monde de la vente est en évolution constante, et le *social selling* se démarque comme une approche novatrice et efficace. Qu'est-ce qui différencie un *social seller* d'un vendeur traditionnel ? Le *social seller* ne vend pas à proprement parler : il recommande. Il cherche à établir des relations durables et à transformer ses conversations en autant d'opportunités d'achat. Vous allez suivre toutes les étapes qui mènent à la concrétisation de la vente (le *closing*) à partir du moment où vous entrez en contact avec une personne que nous appelons « prospect ». Parce que savoir conclure une vente est tout aussi important que d'attirer des clients potentiels.

## Connaître les produits ou services que vous proposez

Formez-vous ! Ayez une bonne compréhension de ce que vous vendez. Sachez expliquer les fonctionnalités, les avantages et les différences clés de manière claire, concise et simple.
Vous pouvez élaborer un script ou une liste des points clés que vous souhaitez aborder pendant l'échange. Pensez toujours bénéfice pour votre interlocuteur, solution à l'une de ses problématiques. Et veillez à bien respecter la législation en vigueur dans votre domaine d'activité. Chaque pays dispose d'une réglementation qui lui est propre. Si vous êtes en partenariat avec une société, consultez les documents ou formations mis à votre disposition. Si vous vous êtes lancé en solo, les moteurs de recherche, les certifications ou les textes légaux sont une excellente façon de vous assurer que vous exercez votre métier de *social seller* dans le respect des règles. En tant qu'indépendant, vous êtes responsable. Et nul n'est censé ignorer la loi (voir chapitre 11).

# Comprendre son client et ses besoins

**Deux éléments sont déterminants pour concrétiser une vente :**

- bien connaître son client et comprendre ses besoins ;
- bien maîtriser son discours.

La vente par recommandation est une démarche très tournée vers le client. Pour faire la bonne recommandation, il faut connaître et comprendre les attentes et les contraintes de la personne à qui l'on s'adresse. Normalement, au moment où vous entrez en interaction directe avec votre prospect, vous avez déjà quelques informations, comme le contenu et/ou le message qui l'a fait réagir et qui l'a incité à vous contacter. Peut-être votre prospect vous a-t-il posé une question en exprimant un besoin particulier ? Dans le *social selling*, que ce soit manuellement ou de manière automatisée en vous appuyant sur des bots conversationnels, vous avez l'opportunité de « qualifier » votre client en lui posant quelques questions avant de faire votre recommandation et de lui en parler.

**Il y a deux temps pour gagner en connaissance client.**
Préparez votre discussion en amont en posant des questions par écrit (SMS, chat...) ou en rassemblant toutes les informations que vous avez déjà (genre, âge, centres d'intérêt que vous pouvez deviner à partir de son compte réseau social). **La clé, c'est de s'intéresser à l'autre**. Collectez les informations pertinentes, et uniquement celles-ci, pour améliorer votre recommandation et l'expérience que vous proposez à votre client. Il n'est pas non plus nécessaire de tout savoir sur lui, cela pourrait lui sembler oppressant. Trouvez le juste milieu de préparation aux seules fins de cibler en amont votre recommandation et de préparer votre discours. Ne présumez pas du besoin de votre interlocuteur, vous auriez vite fait de vous tromper !
Une fois cette préparation faite, vous pouvez lister les informations importantes pour vous et celles qui manquent. Elles pourront constituer la trame de vos échanges, toujours dans l'optique de satisfaire les attentes de votre client.

**Vous pouvez, par exemple, vous poser les questions suivantes :**

- quels sont ses besoins ?
- quelle tranche d'âge ?
- son mode de communication préféré ?
- période d'échange préférée ? Soir, matin, semaine, week-end, pauses-déjeuner ?
- est-ce un premier échange ou un suivi ?

La liste des questions à vous poser varie en fonction du produit ou du service que vous proposez, car une manière responsable de faire du *social selling* consiste à respecter la vie privée des gens et à ne récolter des informations qu'afin de rendre service.

**Une fois cette check-list effectuée, vient le moment d'interagir et de faire preuve d'une grande écoute active.** Afin de rester efficace, il vous faut allouer un temps d'échange pertinent par rapport à ce que vous vendez et vous y tenir, sous peine de passer des heures en rendez-vous pour vendre un produit à 20 €. Cela ne serait pas une bonne rémunération au regard du temps investi ! Si vous vendez un appareil électrique à plusieurs centaines d'euros, vous pouvez vous permettre d'investir plus de temps. Gardez toujours en tête que votre temps n'est pas extensible et que, comme le dit le dicton, « le temps c'est de l'argent ».
L'interaction directe avec votre prospect est le moment où vous allez en apprendre le plus. Écoutez-le, observez ses réactions en fonction de ce que vous dites. La visioconférence permet d'associer l'image et de capter les réactions non verbales, ce qui est également le cas en physique. Au téléphone, c'est plus compliqué. Même si l'on peut interpréter les réactions grâce à la voix, les silences et la façon de respirer.

**Et enfin, suivez votre intuition, vos ressentis.** Le *social selling* est avant tout une histoire de relations, de connexion et d'échanges. Ne forcez pas les choses si vous ne les sentez pas, laissez l'autre venir à vous. Si vous sentez des doutes ou des réticences, laissez le temps à votre interlocuteur de vous poser d'autres questions ou essayez de comprendre pourquoi il n'est pas encore convaincu. Peut-être n'a-t-il simplement pas terminé d'utiliser le produit qu'il a déjà et n'aime-t-il pas gaspiller. Ne tirez pas de conclusion hâtive, essayez plutôt de mener l'enquête : révélez le Sherlock Holmes qui sommeille en vous !

**L'écoute active est une technique de communication qui implique de prêter une attention totale à ce que dit l'autre personne, non seulement à ses mots, mais aussi à ses émotions, à son langage corporel et à tout autre aspect de sa communication non verbale. Cela signifie être pleinement engagé dans la conversation, poser des questions pertinentes, reformuler ce qui a été dit pour vérifier votre bonne compréhension et montrer de l'empathie envers votre interlocuteur. L'écoute active favorise une meilleure compréhension mutuelle, renforce les relations interpersonnelles et permet d'établir un climat de confiance.**

## Se préparer mentalement et physiquement avant ses interactions

Pour mettre toutes les chances de votre côté lorsque vous allez entrer en contact direct avec un client ou des clients potentiels et ce, quel que soit le mode d'interaction (téléphone, rendez-vous en physique ou visioconférence), prenez le temps de vous mettre dans les bonnes dispositions.

### Déterminez le moment opportun dans votre journée

Interagir au mieux avec vos prospects dépend de deux critères :

Quel est le meilleur moment pour vous pour concrétiser vos ventes ?
Quel est le meilleur moment pour vos prospects ?

Une vente peut échouer uniquement parce que le moment choisi n'est pas le bon.

En ce qui vous concerne, et afin d'être pertinent et efficace, choisissez un moment pendant lequel vous pourrez vous concentrer sans être interrompu, ni pressé ou distrait par d'autres tâches. Le *social seller* travaille souvent de chez lui. Pensez à vérifier que votre entourage ne sera pas une source de perturbation pendant vos interactions. Pour ce qui est du bon moment pour échanger avec vos prospects, cela peut faire partie des questions à leur poser avant de planifier un échange. De cette façon, vous entrez déjà dans une relation personnalisée et de confiance.

## Créez un environnement propice

Trouvez un endroit calme, loin des bruits de fond, en évitant les lieux où vous pourriez être dérangé. Installez-vous confortablement dans une posture positive. Sur une chaise pour un appel, debout avec un bon éclairage pour un live ou une visio. Supprimez les distractions visuelles en coupant vos notifications et en fermant vos applications non nécessaires. Enfin, utilisez un matériel (casque, tablette, ordinateur ou téléphone) de bonne qualité, pour optimiser la clarté de la communication. Testez votre matériel avant l'interaction, pour vous assurer de son bon fonctionnement et de votre maîtrise de ce que vous souhaitez faire : partager un visuel, mettre des sous-titres, enregistrer votre prestation, etc. Rien de tel qu'un dysfonctionnement pour perdre ses moyens et rater son intervention. N'oubliez pas qu'on a rarement une deuxième chance de faire une première bonne impression.

**Si vous n'avez pas la possibilité d'avoir le calme autour de vous, adaptez-vous ! Certaines de nos *social sellers* qui sont mamans nous ont raconté qu'entendre les bruits d'enfants et la vie de famille dans le fond rassurait leurs clients car cela rendait leur existence et leur réalité concrètes. On a affaire à une vraie personne, pas à quelqu'un à l'autre bout du monde ou à un avatar virtuel.**

## Préparez-vous mentalement

La façon dont vous allez présenter les choses, votre énergie et votre sourire sont autant d'atouts qui feront la différence vis-à-vis de vos interlocuteurs. Écoutez votre musique favorite, celle qui vous donne la pêche. Dynamisez-vous en faisant quelques mouvements ou en dansant pour vous détendre. Certains pratiquent une activité sportive avant de démarrer leurs appels pour être le plus serein et détendu possible. D'autres crient très fort pour faire monter l'énergie. D'autres encore privilégient les exercices de respiration ou de cohérence cardiaque. Choisissez l'option qui vous convient le mieux.

## Adoptez la bonne attitude

Soyez sûr de vous. Parlez vrai, avec vos mots et ce qui vous a vous-même séduit et convaincu dans ce que vous recommandez à d'autres aujourd'hui. Adoptez une posture ouverte et affirmée, pour incarner et rassurer votre prospect. Une personne avec les épaules en dedans et le regard vers le bas remportera beaucoup moins de succès qu'une personne dynamique, souriante, se tenant bien droite, les épaules en arrière et le buste en avant. Soyez fier et montrez-le !

Rien de tel que l'entraînement pour gagner en confiance en soi. Le premier appel, le premier live ou la première visioconférence sont les plus difficiles. Alors pourquoi ne pas vous entraîner avec votre entourage ? Préparez-vous et testez votre organisation, attitude et discours avant de contacter vos prospects. Une ou deux fois suffisent déjà pour gagner en aisance et diminuer le stress. Le plus important dans l'exercice est la préparation, puis les retours sur votre prestation. Prenez le temps d'analyser ce qui a bien fonctionné ou non, pour vous adapter et vous améliorer. Avec l'expérience, vous apprendrez à varier votre discours, votre attitude en fonction de votre cible, et cela deviendra un jeu d'enfant.

## Préparation avant un échange en digital pour une communauté ou un groupe

La clé de la réussite pour avoir une audience large sur les réseaux sociaux est la régularité. Pour être visible :

- Postez souvent et surtout régulièrement.

- Postez aux bons formats, carrousel, post, *reels*, vlog, et aux bonnes heures pour votre public, en vous adaptant au réseau social sur lequel vous développez votre activité. La fréquence et le format ne sont pas les mêmes d'un média à l'autre. Testez et regardez ce qui crée le plus d'engagement. N'hésitez pas à suivre des comptes ou à lire les articles qui vous informent sur les évolutions des algorithmes du réseau sur lequel vous évoluez. Les plateformes mettent énormément de guides et formations gratuites à disposition des créateurs de contenu.

- Préparez ce que vous allez partager à l'avance pour être cohérent et varié dans vos contenus. Problématiques, solutions, résultats, astuces, témoignages, interviews...

- Créez de l'engagement et des interactions. Construisez à partir de sondages ou de questions ou commentaires que vous avez eus sur des publications ou lives précédents. Pensez échange et conversation.

- Et n'oubliez pas de tester et de mesurer les résultats obtenus pour adapter votre stratégie de contenu.

**La vidéo est le format privilégié par les plateformes Instagram et TikTok ; elle vous permettra d'atteindre une meilleure visibilité.**

### Préparation avant un échange individuel, en digital ou en physique

- Recherchez des informations sur votre client potentiel via ses comptes réseaux sociaux ou auprès de la personne qui vous a recommandé à lui, par exemple.
- Adaptez votre approche en fonction de ces informations. Vous n'aurez pas le même langage et la même approche du problème auquel vous allez apporter votre solution, en fonction du sexe, de l'âge, de la localisation et des spécificités de la personne.
- Vous pouvez également préparer, si vous le souhaitez, des supports visuels tels que avant/après, graphiques ou résultats chiffrés, et si vous proposez des produits, veillez à en avoir à disposition à portée de main et à avoir des photos de vous en train de les utiliser. La preuve sociale est un des piliers de la vente par recommandation à partir du moment où elle est honnête et incarnée.

## Le suivi clé du succès et de la fidélisation

Acquérir un nouveau client représente beaucoup de travail et d'investissement. Alors, une fois qu'il est convaincu, veillez à le fidéliser en prévoyant un suivi après la vente afin de vous assurer de sa satisfaction.

### Assurez un suivi post-vente

Cela démontre votre engagement envers la satisfaction du client. Ce suivi permet de consolider la relation, d'adresser d'éventuels problèmes et d'offrir un soutien continu, garantissant ainsi une expérience positive qui va fidéliser le client.

En planifiant cette étape, vous montrez votre volonté de maintenir un niveau élevé de service après-vente, renforçant ainsi la confiance et la fidélité de votre clientèle.

## Exemple de conversation

***Social seller*** **:** Bonjour [nom du client], j'espère que vous allez bien. Je voulais m'assurer que vous aviez bien reçu vos produits de soin pour la peau et que vous étiez satisfait de votre achat.

**Client :** Oui, je les ai reçus la semaine dernière et déjà adoptés. Je suis vraiment content des produits que j'ai utilisés. Je constate déjà les premiers effets sur ma peau.

***Social seller*** **:** C'est fantastique à entendre ! Je voulais m'assurer que vous tiriez le meilleur parti de votre nouvelle routine de soins. J'ai quelques conseils supplémentaires à partager avec vous pour maximiser les bienfaits des produits que vous avez choisis. Utilisez-vous le sérum hydratant le matin ?

**Client :** Pas encore, mais j'étais curieux de savoir comment l'ajouter à ma routine.

***Social seller*** **:** Un sérum hydratant peut vraiment compléter votre routine en apportant une hydratation supplémentaire. Il vous suffit d'en appliquer quatre gouttes sur une peau propre et sèche avant d'appliquer votre crème. Je n'en ai que de bons retours ! Je peux vous partager par e-mail des photos de avant/après. Vous verrez, c'est bluffant. Je suis bien sûr disponible pour répondre à toutes vos questions ou préoccupations. Y a-t-il autre chose que je puisse faire pour vous aider ?

**Client :** Non, je pense que c'est tout pour le moment. Merci beaucoup pour votre suivi et les conseils supplémentaires !

***Social seller*** **:** C'est un plaisir. N'hésitez pas à me contacter si vous avez besoin de quoi que ce soit d'autre. Je suis là pour vous accompagner et vous orienter au mieux pour prendre soin de votre peau. Merci beaucoup et passez une excellente journée !

# Élaborez un plan pour maintenir la relation et explorer d'autres opportunités

Voici une liste (non exhaustive) pour vous y aider.

- **Suivi après un événement :** si votre client a assisté à un événement ou à un webinaire que vous avez organisé, vous pouvez le relancer pour recueillir des retours, partager des points clés discutés ou offrir des ressources supplémentaires en lien avec le sujet abordé.

- **Offres spéciales pour client fidèle :** envoyez-lui des offres exclusives ou des réductions spéciales en reconnaissance de sa fidélité en tant que client régulier.

- **Partage de témoignages ou résultats de clients similaires :** partagez des témoignages ou des *success stories* d'autres clients ayant des préoccupations ou des objectifs similaires aux siens, pour illustrer comment vos produits/services ont fait une différence pour eux.

- **Actualités de l'industrie ou tendances :** relancez pour partager des actualités ou des tendances pertinentes dans l'industrie ou dans le domaine d'intérêt de votre client, montrant que vous êtes au courant des derniers développements.

- **Événements à venir ou nouveautés produits :** informez votre client sur les événements à venir, les nouveaux produits ou services qui pourraient l'intéresser en fonction de ses préférences et besoins.

- **Partage de contenu utile :** envoyez des articles de blog, des vidéos, des podcasts ou d'autres ressources éducatives qui pourraient être utiles pour votre client en fonction de ses intérêts.

- **Suivi pour renouvellement ou recharge :** pour les produits consommables, proposez un suivi pour indiquer qu'il est peut-être temps de renouveler ou de recharger les produits pour continuer à en bénéficier.

- **Invitations à des groupes privés ou communautés :** invitez vos clients à rejoindre des groupes privés ou des communautés en ligne où ils peuvent interagir avec d'autres clients qui partagent les mêmes centres d'intérêt ou besoins.

L'essentiel est de maintenir un contact régulier avec un client ou un prospect en lui offrant constamment une information nouvelle, pertinente et intéressante. Cette démarche vise à susciter son intérêt, à le tenir informé des évolutions, des nouveautés ou des solutions potentielles correspondant à ses besoins spécifiques. En proposant continuellement des informations fraîches, vous démontrez votre engagement envers eux, tout en renforçant la relation client et en créant une opportunité pour un dialogue constructif et évolutif. Cette approche permet de maintenir l'engagement, d'approfondir la confiance et d'assurer que votre interaction demeure valorisante et bénéfique pour chaque partie concernée.

## Transformer un « non » en une nouvelle opportunité

Malgré tous ces précieux conseils, il arrivera que votre projet de vente n'aboutisse pas et **c'est normal !** L'important, lorsque l'on fait face à un « non », c'est de savoir rebondir. Car lorsque vous recontacterez votre client, il ne faut pas qu'il vous associe à un refus de sa part. Sinon, il pourrait avoir le sentiment que vous insistez malgré son refus et cherchera à vous fuir. Acceptez le « non » comme une étape normale du processus de vente. Ce n'est jamais la fin de la conversation, mais plutôt une chance de la réorienter. Prenez conscience que le rejet n'est pas personnel, et qu'il peut être une opportunité de découvrir de nouveaux angles pour satisfaire les besoins de votre client. N'ayez pas peur de poser des questions pour comprendre les raisons de ce refus. Vous serez surpris de voir que ce qui s'y cache n'a souvent pas de rapport direct avec votre proposition. Ainsi, vous amènerez votre contact vers une fin de conversation avec une nouvelle étape à la clé.

**Votre interlocuteur vous dit :** *« Non, je ne suis pas intéressé. »*
***Social seller :*** D'accord. Je comprends. Pourriez-vous me dire ce qui ne vous a pas convaincu ?
**Client :** Je vais d'abord terminer les produits dont je dispose.
***Social seller :*** Très bien, vous avez raison. Contactez-moi quand vous arriverez au bout et nous ferons un point à ce moment-là.

Vous pourrez, durant ce laps de temps, revenir vers lui et lui demander où il en est de ses produits actuels et s'enquérir de ses résultats. Dans ce cas, la relance se fera naturellement. Alors que si vous le rappelez un mois après son refus en lui demandant où il en est, vous risquez d'être mal accueilli.
En intégrant ces pratiques dans votre approche, vous serez en mesure de transformer un maximum d'interactions en opportunités de vente. Le *social seller* prospère en offrant des solutions pertinentes, en établissant des relations solides et en sachant transformer les « non » en « oui ». Pratiquez ces techniques, développez votre savoir-être et constatez l'impact positif sur votre activité de vente !

**Il existe de nombreuses méthodes de vente qui vous orientent sur la façon de conduire votre échange avec votre client potentiel en individuel. Elles ont toutes fait leurs preuves dans différents secteurs d'activité. Nous en évoquons ici deux, intéressantes à utiliser en *social selling*.**

## La méthode de vente SPIN (pour situation, problèmes, implications, need-payoff)

- **Situation (S) :** comprendre la situation actuelle du client en posant des questions sur le contexte, les faits et les détails spécifiques.
- **Problème (P) :** identifier les problèmes, défis ou insatisfactions que le client rencontre actuellement.
- **Implication (I) :** explorer les conséquences et les implications des problèmes identifiés pour le client.
- **Need-payoff (besoin de solution) (N) :** identifier les besoins du client en termes de solutions. Cette étape prépare le terrain pour la présentation de la solution (produit ou service) comme réponse à ces besoins.

Cette méthode a été développée dans les années 1980 par Neil Rackham, un chercheur britannique en vente. Elle est basée sur l'analyse de milliers d'heures d'enregistrements de ventes, et son objectif est de comprendre les comportements et les techniques qui contribuent au succès dans la vente dite « complexe » (vente impliquant des produits ou services coûteux et décisions d'achat difficiles). Elle met l'accent sur la découverte des besoins du client plutôt que sur une approche de vente traditionnelle, axée sur la présentation du produit. Elle a été, depuis, largement adoptée par de nombreuses entreprises et professionnels de la vente pour son approche consultative et orientée vers les besoins du client. Cette méthode encourage les vendeurs à poser des questions ciblées pour découvrir les besoins spécifiques du client et à présenter ensuite leur produit ou service comme la solution idéale.

### Situation

**Vendeur :** Pouvez-vous me parler de votre situation en termes de services de téléphonie ? Combien de lignes utilisez-vous actuellement ?

### Problème

**Vendeur :** Quels sont les principaux problèmes ou insatisfactions avec votre service actuel ? Rencontrez-vous des difficultés au niveau de la couverture, de la qualité des appels, ou des fonctionnalités manquantes ?

### Implication

**Vendeur :** Comment ces problèmes affectent-ils votre entreprise au quotidien ? Y a-t-il des occasions manquées en raison de problèmes de connexion ou de retards dans les communications ?

### Besoin de solution

**Vendeur :** À la lumière de ces défis, quelles fonctionnalités spécifiques recherchez-vous dans un service de téléphonie ? Quelles améliorations pourraient bénéficier à votre entreprise ?

En suivant la méthode SPIN, le vendeur a d'abord compris la situation actuelle du client en posant des questions sur son service de téléphonie existant. Il a ensuite identifié les problèmes spécifiques auxquels le client était confronté. Il a exploré les implications de ces problèmes sur les opérations de l'entreprise du client. Enfin, le vendeur a découvert les besoins spécifiques du client en termes de fonctionnalité et d'amélioration pour proposer une solution adaptée à ses besoins.

## La méthode AIDA (*Awareness, Interest, Desire, Action*)

Cette méthode est un modèle de persuasion formulé par Elmo Lewis, un publicitaire américain, et dont l'utilisation initiale remonte aux années 1890. Il a été élaboré pour décrire le processus par lequel un individu passe lorsqu'il est exposé à une publicité. Si les modes de communication ont évolué, cette approche reste pertinente en vente.

- **Attention (*Awareness*)**
  Capter l'attention de la cible, que ce soit à travers des titres accrocheurs, des visuels percutants ou tout autre élément qui attire l'œil.

- **Intérêt (*Interest*)**
  Éveiller l'intérêt du prospect en présentant des informations pertinentes, les avantages ou les caractéristiques attrayantes du produit ou du service.

- **Désir (*Desire*)**
  Susciter le désir en créant un sentiment de besoin ou en mettant en avant les avantages et les bénéfices du produit ou du service.

- **Action (*Action*)**
  Inciter à l'action, c'est-à-dire encourager le prospect à prendre une mesure spécifique telle qu'un achat, une inscription, ou tout autre engagement souhaité.

### Dans la vente d'abonnements à un service de streaming musical

**Attirer l'attention**

- Annonce publicitaire : « Découvrez une nouvelle expérience musicale ! »
- Visuel vibrant et coloré avec des artistes populaires.

**Éveiller l'intérêt**

- Mise en avant des fonctionnalités : « Bibliothèque musicale illimitée, playlists personnalisées, recommandations basées sur vos goûts. »
- Démonstration d'utilisation intuitive de l'application.

**Susciter le désir**

- Témoignage d'un utilisateur : « Grâce à ce service, j'ai découvert des artistes incroyables et je ne peux plus m'en passer ! »
- Insistance sur la variété de genres musicaux disponibles.

**Amener à l'action**

- Offre spéciale : « Inscrivez-vous dès maintenant et bénéficiez d'un mois d'abonnement gratuit ! »
- Appel à l'action : « Commencez à explorer la musique dès aujourd'hui ! »

L'objectif est d'attirer l'attention du prospect, de susciter son intérêt avec des fonctionnalités attrayantes, d'éveiller son désir en présentant les bénéfices et, enfin, de le pousser à l'action en lui offrant une incitation à s'inscrire.

## Checklist pour réussir une vente

**Connaître le produit et/ou le service que vous proposez**
Pouvoir être clair et concis sur :
- les fonctionnalités et les avantages ;
- les différences et les spécificités clés ;
- les bénéfices et les solutions pour votre interlocuteur.

Aidez-vous d'un script ou d'une liste des points clés que vous souhaitez aborder pendant l'échange.

**Préparer l'échange en amont**
Pour vous : mise en condition, environnement (*set-up*), créneau horaire (pour vous et votre prospect) et vérification du matériel.

**Pour vos prospects :**
→ en rendez-vous individuel : connaissance de votre interlocuteur (âge, besoin, situation géographique, etc.) ;
→ pour une communauté sur les réseaux sociaux : à partir de la personne, de ses besoins et de ses attentes.
*Petit plus* : visuels, graphiques, produits, témoignages de clients.

**Établir une connexion forte pendant l'échange**
Comprendre et identifier les besoins de son prospect.
Écoute active.
Poser des questions.
Reformuler.

**Assurez un suivi régulier**
S'assurer de la satisfaction du client.
Établir un plan pour maintenir la relation et explorer d'autres opportunités.

# En conclusion

La concrétisation des ventes va bien au-delà d'une simple transaction. C'est un savoir-faire qui exige la maîtrise de plusieurs aspects : comprendre les besoins du client, lui présenter des solutions pertinentes et le guider vers une décision d'achat éclairée. Mais c'est également le point de départ d'une relation de confiance et de fidélité. Le suivi post-vente et la satisfaction client sont tout aussi essentiels que la vente elle-même. Elles permettent de construire des relations durables. Alors, n'hésitez pas à explorer différentes techniques, à vous entraîner et à affiner votre approche. Avec le temps et l'expérience, vous deviendrez un expert de la concrétisation des ventes, en forgeant des liens solides et profitables avec votre clientèle.

## Ressources pour aller plus loin

***Ces moments qui comptent : Pourquoi certaines expériences vécues laissent une trace extraordinaire***, Chip Heath, Dan Heath (auteurs), Michel Le Séac'h (traducteur), Paris, éditions Alisio, 2018. Les auteurs partent d'une idée simple : tous les moments du processus de vente d'un produit n'ont pas la même importance. Plutôt que d'essayer d'améliorer les points faibles de son tunnel de vente, il faut se concentrer sur quelques moments clés dans le parcours client, et les rendre mémorables.
**Les Héros de la vente**, 2024, Alexandre Waquier, podcast en format audio.

# 10

# Développer et accompagner votre équipe

Ce chapitre vous explique en quoi consiste le développement d'une équipe dans le *social selling*, si cet aspect du métier est fait pour vous et ce qu'il peut vous apporter. Vous découvrirez que s'entourer d'autres indépendants dépasse la simple génération de revenus supplémentaires et permet de développer des compétences tant professionnelles que personnelles. Vous comprendrez comment cette démarche peut vous conduire à devenir rapidement un entrepreneur à impact.

# Introduction

Le *social selling* présente une double opportunité. Celle de gagner de l'argent grâce à vos propres ventes personnelles, mais aussi d'accompagner d'autres individus à vous imiter, en leur enseignant les bonnes pratiques et en les aidant à faire décoller leur activité.
Dans un premier temps, développer une équipe consiste ni plus ni moins à partager son bon plan business avec son entourage. Vous êtes parvenu, en quelque temps, à générer un complément de revenus qui vous permet d'améliorer votre quotidien ; vous allez naturellement penser à des personnes autour de vous qui pourraient elles aussi en bénéficier, car vous savez qu'elles en ont besoin ou qu'elles ont les qualités essentielles pour y parvenir. Ici aussi, c'est le fameux pouvoir de la recommandation qui opère !
Ce sont donc souvent des proches qui seront vos premiers partenaires : amis, famille, collègues de travail, connaissances du quotidien, etc. Mais rapidement, si vous vous prenez au jeu et que vous rêvez d'une équipe à plus grande échelle, partout dans votre pays, voire au-delà des frontières si votre partenaire ou votre business model vous le permettent, alors vous devrez faire le choix d'une posture et d'une stratégie.

# Les avantages de développer son équipe

- **Une histoire de savoir-faire et de collaboration**
  Transmettre son savoir-faire dans le domaine du *social selling* représente bien plus qu'une simple transmission de connaissances. Cela peut prendre la forme d'un mentorat où vous partagez vos stratégies de vente, vos techniques de communication efficaces ou vos méthodes pour développer un réseau solide. Au lieu de simplement vendre un produit à un client, vous pourriez, par exemple, expliquer à un collègue comment vous avez réalisé cette vente avec succès, quelles étapes vous avez suivies et les erreurs à éviter. Travailler en collaboration avec d'autres acteurs du *social selling* peut se traduire par la création d'une équipe où chacun apporte ses compétences pour créer une synergie. En unissant vos forces avec d'autres vendeurs expérimentés, vous pouvez élargir votre portée, partager des idées novatrices et, finalement, développer des stratégies plus puissantes pour atteindre vos objectifs communs.

- **Développer un aspect différent et complémentaire à votre activité personnelle de vente**
  Le rôle du coach d'équipe diffère de celui des vendeurs, tout en restant complémentaire. Alors que les vendeurs se concentrent sur la vente directe de produits ou services, le coach joue un rôle essentiel dans la coordination et l'optimisation de l'efficacité de l'équipe. Il se charge de la planification stratégique, de l'analyse des données et de l'identification des meilleures pratiques pour maximiser les résultats. Il agit comme un chef d'orchestre, veillant à ce que chaque membre de l'équipe utilise efficacement les outils, collabore de manière productive et adapte ses approches en fonction des retours du terrain. Ainsi le coach soutient-il l'équipe dans son ensemble en créant un environnement propice à la réussite, tout en laissant aux vendeurs le champ libre pour exceller dans leurs activités de vente. Il peut également être amené à former, guider et accompagner les partenaires qui le souhaitent à développer à leur tour une équipe. Son rôle est alors de leur apprendre à dupliquer ce que lui-même leur a transmis, tout en respectant leur unicité. Commence alors la construction d'une organisation plus complexe où différents *social sellers* travaillent ensemble à établir une stratégie globale dans laquelle chacun ensuite déploie une méthodologie propre à son équipe.

- **Évoluer de la position d'indépendant à celle de chef d'entreprise en *social selling***
  Ce passage représente une évolution significative. En tant qu'indépendant, on est souvent directement impliqué dans les ventes, en établissant des connexions personnelles et en construisant des relations avec les clients. Cependant, à mesure que l'entreprise se développe, la transition vers le rôle de chef d'entreprise s'impose. Cela implique de passer de la vente individuelle à la gestion d'une équipe de vendeurs puis, éventuellement, à la supervision de plusieurs équipes. À ce stade, et en fonction de son partenaire business, le coach anime la stratégie globale, de la planification à l'optimisation des activités, auprès de son équipe. Il doit également cultiver un environnement favorable à la croissance de ses vendeurs et coachs, tout en continuant à développer sa vision stratégique pour l'ensemble de son organisation. Cette évolution requiert non seulement des compétences de vente solides, mais aussi des compétences en leadership, en communication et en gestion pour garantir le succès à long terme de son entreprise.

- **Favoriser sa propre croissance professionnelle**
  Construire une grande équipe représente une stratégie puissante pour stimuler sa propre croissance professionnelle. En investissant dans le développement et le succès de son équipe, on crée un cercle vertueux dans lequel le progrès collectif alimente les opportunités individuelles de plusieurs manières concrètes.
  **Premièrement,** la gestion d'une équipe implique souvent la nécessité de développer des compétences de leadership solides. La prise de décisions éclairées, la résolution de conflits et la capacité d'inspirer et motiver les différents membres sont autant de compétences qui se renforcent au fil du temps.
  **Deuxièmement,** le mentorat au sein de l'équipe offre des occasions d'apprentissage mutuel. En guidant ses partenaires dans leur développement professionnel, le coach acquiert une compréhension approfondie des différents aspects du travail et des diverses perspectives. Cela enrichit sa propre expertise et sa capacité à comprendre les défis auxquels peuvent être confrontés les membres de son équipe.
  **Troisièmement,** la gestion d'équipes implique souvent la planification stratégique et la prise de décisions pour atteindre des objectifs communs. Cela permet au coach de développer des compétences en gestion du temps, en priorisation des tâches et en élaboration de stratégies qui s'avèrent essentielles pour la croissance professionnelle.
  **Enfin,** le succès collectif de l'équipe contribue à renforcer la confiance en soi. La capacité à motiver les autres, à résoudre des problèmes complexes et à atteindre des objectifs renforce la conviction en ses propres compétences, ce qui peut être un puissant moteur de croissance personnelle.
  En somme, le développement d'une équipe crée un terrain propice à l'apprentissage continu, au renforcement des compétences professionnelles et à l'épanouissement personnel du leader.

## Comment développer son équipe ?

Développer son équipe peut sembler complexe. Cela consiste cependant simplement à partager avec d'autres une opportunité qui s'est avérée fructueuse pour vous. C'est comme découvrir un chemin vers le succès et inviter d'autres personnes à emprunter cette voie prometteuse. Avec quelques astuces simples, cela devient accessible à tous.

## Bien cibler votre public

Tout d'abord, comme pour vos ventes, il vous faut cibler la personnalité des personnes que vous visez ou avec lesquelles vous échangez. Pour vous y aider, vous pouvez utiliser la méthode PCM (*Process Communication Method*, en anglais), plus communément appelée « méthode du caméléon ».
Elle considère que les individus sont comme un arc-en-ciel avec quatre couleurs dominantes, dont chacune représente une façon spécifique d'interagir et de communiquer. Le bleu pour la précision, le rouge pour l'énergie, le jaune pour la sociabilité et le vert pour la réflexion. En comprenant ces couleurs, vous pourrez mieux adapter votre approche et votre communication, en visant les informations essentielles pour votre public cible, et créer ainsi les bonnes interactions et des relations fortes et constructives.
Attention, ce système n'est qu'une aide pour vous aider à communiquer. Les êtres humains sont complexes et ne peuvent se résumer à « une couleur »; on essaie simplement d'identifier un trait de caractère plus fort qui peut être une clé pour entrer en communication.

**La méthode du caméléon, ou *Process Communication Method* (PCM), a été développée par le psychologue américain Taibi Kahler dans les années 1970. Elle se base sur l'identification des couleurs associées aux personnalités pour améliorer la communication et les relations interpersonnelles. Les quatre couleurs principales utilisées sont le bleu, le rouge, le jaune et le vert, chacune correspondant à des traits de personnalité spécifiques.**

## Bien connaître votre public

### BLEU

- **Caractéristiques:** organisé, planificateur, méticuleux.
- **Style de communication:** méthodique, structuré, axé sur les procédures.
- **Environnement de travail:** aime l'ordre, recherche la clarté et la conformité.

### ROUGE

- **Caractéristiques:** énergique, orienté vers l'action, assertif.
- **Style de communication:** direct, focalisé sur les résultats, pragmatique.
- **Environnement de travail:** aime les défis, prend des initiatives.

**JAUNE**

- **Caractéristiques :** sociable, enthousiaste, expressif.
- **Style de communication :** ouvert, empathique, axé sur les relations.
- **Environnement de travail :** favorise la collaboration, aime les interactions sociales.

**VERT**

- **Caractéristiques :** réfléchi, précis, analytique.
- **Style de communication :** structuré, axé sur les détails, recherche la précision.
- **Environnement de travail :** apprécie la planification, recherche la logique.

Cette formation enseigne aux participants comment reconnaître ces caractéristiques principales chez leurs interlocuteurs et adapter leur communication en conséquence. En comprenant les préférences et les styles de chacun, les individus peuvent améliorer leur efficacité dans les interactions professionnelles et personnelles. Cette approche contribue à créer des équipes plus équilibrées en répartissant les couleurs et à favoriser une meilleure compréhension entre les membres.

Depuis sa création, cette méthode a été largement utilisée dans des contextes variés, tels que la communication interpersonnelle, la gestion d'équipe, le leadership, la formation en entreprise et le développement personnel. Elle est appréciée pour sa simplicité et son efficacité dans la compréhension des différences individuelles, favorisant ainsi des relations plus harmonieuses et productives.

## Les besoins de chaque personnalité

**LES BLEUES**

**Précision**

- *Quelles informations spécifiques et détaillées sur mon produit ou service sont essentielles pour la compréhension de mon public cible ?*
- *Objectif :* comprendre les éléments clés et les détails nécessaires pour satisfaire le besoin de précision d'une personne de type « bleu ».

**Organisation**

- *Comment puis-je présenter mon offre de manière structurée, en mettant en avant les procédures et l'organisation liées à mon produit ou service ?*

- *Objectif :* répondre au besoin d'ordre et de structure d'une personne « bleue ».

**Planification**

- *Quelles sont les étapes clés de mon processus de vente que je peux expliquer de manière détaillée pour répondre à la préférence d'une personne « bleue » pour la planification ?*
- *Objectif :* satisfaire leur désir de comprendre l'ensemble du processus avant de prendre une décision.

## LES ROUGES

**Énergie**

- *Quels aspects de mon produit ou service sont particulièrement impactants et alignés sur des résultats concrets ?*
- *Objectif :* identifier les éléments qui susciteront l'enthousiasme et l'énergie chez une personne de type « rouge ».

**Action**

- *Comment puis-je mettre en avant les bénéfices immédiats de mon offre, incitant à l'action rapide ?*
- *Objectif :* souligner les résultats et les actions concrètes que la personne de type « rouge » peut obtenir en optant pour votre produit ou service.

**Finances**

- *Combien peuvent-ils gagner avec cette activité ?*
- *Objectif :* leur montrer les perspectives et le potentiel concret de votre opportunité et ce que cela va leur apporter d'un point de vue concret et matériel.

## LES JAUNES

**Sociabilité**

- *Quels aspects de mon offre sont propices à la création de liens sociaux ou peuvent être partagés avec d'autres ?*
- *Objectif :* mettre en avant les éléments de convivialité, les expériences sociales ou les avantages à partager avec leur réseau.

**Émotion**

- *Comment puis-je rendre mon message plus expressif et engageant, en soulignant l'aspect relationnel de mon produit ou service ?*
- *Objectif :* communiquer de manière vivante, expressive et centrée sur les relations pour capter l'attention d'une personne de type « jaune ».

**LES VERTES**

**Réflexion**

- *Quelles informations approfondies sur la qualité, la fiabilité et la longévité de mon produit ou service puis-je fournir ?*
- *Objectif :* répondre au besoin de compréhension approfondie d'une personne de type « vert » en mettant l'accent sur la qualité et la fiabilité.

**Précision**

- *Comment puis-je structurer mon discours pour fournir des détails précis sur les caractéristiques techniques et les avantages spécifiques ?*
- *Objectif :* satisfaire la préférence d'une personne de type « vert » pour les détails et les informations précises.

En posant ces questions, vous serez mieux préparé pour ajuster votre approche et ainsi adapter votre discours et votre présentation.

## Adapter votre communication à votre public

Pour établir une stratégie efficace et partager régulièrement des informations pertinentes sur les réseaux sociaux, lors d'événements physiques ou d'échanges individuels, adaptez votre discours et vos présentations à votre auditoire. Maintenant que vous êtes en mesure d'identifier ses couleurs dominantes, cela revient à semer des graines d'idées qui vont grandir avec le temps.

## Pour susciter l'intérêt d'un public de type « bleu »

Partagez du contenu structuré, précis et axé sur la qualité.

- **Publiez des analyses approfondies** de votre secteur d'activité, des études de cas détaillées ou des comparaisons pointues pour démontrer la qualité et la rigueur de votre offre.
- **Publiez du contenu éducatif et informatif,** comme des articles, des infographies ou des vidéos, mettant en avant la pertinence et la précision des informations.
- **Organisez des webinaires ou des ateliers pratiques,** en mettant l'accent sur la transmission de connaissances approfondies et la démonstration concrète des avantages de votre produit ou service.
- **Créez des démonstrations de produits** structurées, détaillant chaque caractéristique de manière organisée pour répondre au besoin de compréhension approfondie de cette audience.
- **Utilisez des chiffres clés**, des statistiques et des données précises pour étayer vos messages.
- **Élaborez une FAQ détaillée** pour répondre aux questions récurrentes de votre audience. Cette approche structurée renforce la confiance dans vos informations.
- **Créez des présentations** visuelles organisées, mettant en avant chaque aspect de votre offre de manière logique et méthodique.
- **Mettez en avant les garanties** et les normes de qualité associées à votre produit ou service. Les personnes de type « bleu » sont rassurées par des normes strictes et des engagements clairs.

## Pour susciter l'intérêt d'un public de type « rouge »

Partagez du contenu percutant, orienté vers l'action et centré sur les résultats.

- **Mettez en avant les succès** et réalisations de votre entreprise de manière concise et percutante.
- **Partagez des chiffres clés** et des résultats tangibles.
- **Partagez des articles**, vidéos ou podcasts impactants, liés à votre secteur d'activité.
- **Misez sur des contenus** qui incitent à la réflexion et à l'action.
- **Publiez des témoignages vidéo** ou écrits de clients soulignant les résultats concrets qu'ils ont obtenus grâce à votre produit ou service.
- **Utilisez la vidéo** pour partager des messages forts et dynamiques. Les présentations rapides et percutantes fonctionnent bien auprès d'une audience « rouge ».
- **Organisez des webinaires** ou des sessions de formation en direct. Mettez l'accent sur l'acquisition de compétences pratiques et des conseils immédiatement applicables.
- **Partagez des actualités** et des tendances pertinentes de manière concise et incluez des appels à l'action clairs et directs dans vos publications, incitant votre audience à participer, acheter, ou prendre des mesures immédiates.

## Pour susciter l'intérêt d'un public de type « jaune »

Partagez du contenu engageant, social et centré sur les relations.

- **Publiez des témoignages** de clients satisfaits mettant en avant les aspects humains et relationnels de votre service.
- **Annoncez votre participation** à des événements sociaux ou des rencontres de networking. Montrez des photos ou des vidéos de ces moments pour illustrer votre approche conviviale. Utilisez des images, des infographies ou des vidéos pour rendre votre contenu visuellement attrayant.
- **Célébrez les réussites** de votre équipe ou les jalons de votre entreprise.
- **Posez des questions** ouvertes pour encourager la participation et le partage d'opinions.
- **Partagez des citations inspirantes,** des histoires motivantes ou des anecdotes positives (les personnes de type « jaune » aiment s'exprimer et partager leurs idées).
- **Organisez des jeux** ou des concours sympathiques pour stimuler l'interaction.
- **Présentez votre équipe** de manière conviviale en mettant en avant les aspects sociaux et humains.
- **Montrez les coulisses** de votre entreprise pour humaniser votre activité.

## Pour susciter l'intérêt d'un public de type « vert »

Partagez du concret et du factuel pour une audience réfléchie et analytique.

- **Publiez des articles approfondis**, des études de cas détaillées ou des analyses qui mettent en avant la complexité et la nuance de votre offre.
- **Mettez en avant les principes éthiques** et les pratiques durables de votre entreprise, les initiatives responsables.
- **Publiez des conseils et des guides** pour aider votre audience à prendre des décisions éclairées.
- **Organisez des webinaires** sur les tendances durables dans votre industrie.
- **Mettez l'accent sur l'évolution** à long terme et les solutions pérennes.
- **Conduisez des entrevues avec des experts** de votre secteur. Les personnes de type « vert » apprécient l'expertise et les informations provenant de sources fiables.
- **Soulignez les caractéristiques durables** de votre produit ou service. Montrez comment votre offre s'inscrit dans une perspective de responsabilité sociale et environnementale.
- **Partagez des informations sur les innovations durables** dans votre domaine. Mettez en avant les efforts pour minimiser l'impact environnemental de votre entreprise partenaire.

En répondant spécifiquement aux intérêts de ces différents publics, vous établirez un lien plus fort avec eux, aiguiserez leur curiosité et créerez des interactions pertinentes et durables.
Bien entendu, le choix de votre public cible sera aussi déterminé en fonction de votre opportunité d'offres et des publics auprès desquels elle aura un écho.

**Dans la majorité des cas, votre public est composé de différentes personnalités, et c'est tant mieux. Créez un discours pertinent qui puisse toucher divers profils.**

## Focus sur la qualité de vos réponses

En ce qui concerne les questions qui vous seront posées, privilégiez la qualité à la quantité. Répondre de manière concise et précise aux questions est souvent plus efficace que de submerger vos prospects d'informations. Cela rend la communication plus claire et facile à suivre. Adaptez-vous là aussi en fonction de la couleur de votre public ou de votre interlocuteur.

- **Pour une personnalité de type « bleu »,** privilégiez la précision, fournissez des informations détaillées et soyez prêt à expliquer en profondeur les aspects techniques.
- **Pour répondre à une personnalité de type « rouge »,** concentrez-vous sur les solutions concrètes et les actions immédiates, en fournissant des informations directes et pertinentes.
- **Envers une personnalité de type « jaune »,** adoptez un ton convivial, partagez des anecdotes, et proposez des réponses qui renforcent les relations sociales.
- **Enfin, face à une personnalité de type « vert »,** mettez l'accent sur la durabilité, en expliquant comment votre solution s'inscrit dans une perspective responsable en soulignant ses caractéristiques de qualité.

En adaptant vos réponses aux préférences de chaque interlocuteur, vous apporterez les informations nécessaires à la question posée sans risque de le perdre. Laissez-le vous poser d'autres questions s'il le souhaite, et sinon assurez-lui que vous êtes disponible si d'autres questions lui venaient à l'esprit.
Enfin, la patience est la clé. Convertir une personne curieuse en un nouveau partenaire nécessite du temps et de la persévérance. Faire grandir une équipe, c'est comme faire pousser des plantes. Elles ont besoin de temps pour fleurir. Assurez-vous de suivre attentivement chaque étape, soyez patient, et les

résultats positifs viendront. Établir une relation solide, bâtir la confiance et comprendre les besoins spécifiques de chaque partenaire potentiel sont des processus progressifs. Chaque interaction, chaque réponse aux questions et chaque partage d'informations contribue à semer les graines d'une collaboration future. Respectez le rythme naturel de chacun pour favoriser une adhésion authentique et un engagement à long terme.

## Comment accompagner son équipe

Le rôle de coach d'équipe en *social selling* va bien au-delà de la simple gestion d'équipe. Il s'agit d'un partenariat dynamique où l'accompagnement joue un rôle central. Efficace, il se fait par l'exemple et le maintien d'un focus constant sur les objectifs de chaque membre.

Un bon coach ne dicte pas les règles, il inspire et encourage par ses actions, ce qui implique une démonstration constante des meilleures pratiques, que ce soit dans la communication, le partage d'informations pertinentes, les méthodes de vente ou la construction de relations significatives. Un coach qui incarne les valeurs du *social selling* crée un environnement où l'équipe est inspirée à suivre non par obligation, mais par conviction : faire plutôt que faire faire, montrer plutôt que dicter. Voici deux méthodes qui pourront vous y aider.

### Modélisation des bonnes pratiques

L'une des approches les plus efficaces pour accompagner une équipe en *social selling* consiste à adopter la méthode de la modélisation des bonnes pratiques. Les coachs peuvent commencer par démontrer concrètement comment utiliser les réseaux sociaux de manière stratégique pour construire des relations professionnelles. Cela peut inclure la création de profils optimisés, le partage de contenus pertinents, l'engagement dans des conversations significatives et la gestion efficace du temps en ligne.

En montrant plutôt qu'en disant, les coachs inspirent l'équipe à suivre leur exemple. Des sessions de formation pratique, des ateliers, ou même des séances de *shadowing* (observation en situation de travail), où les membres de l'équipe observent les interactions des managers sur les réseaux sociaux dans leur approche de vente ou de développement d'équipe, peuvent être intégrées. Cette méthode permet une assimilation plus rapide

des compétences et des stratégies efficaces, tout en créant un environnement propice à l'apprentissage continu.
L'accompagnement efficace nécessite de centrer l'attention sur les objectifs individuels des membres de l'équipe. Plutôt que de mettre en avant ses propres réalisations, le coach doit être investi dans la croissance et la réussite de chacune des personnes qu'il accompagne. En comprenant les aspirations et les défis spécifiques de chaque membre, il peut fournir un soutien personnalisé, favorisant ainsi des performances optimales. Il lui faut apprendre à guider sans empiéter sur l'expérience individuelle. Donner l'espace nécessaire à chaque membre pour explorer, apprendre de ses erreurs et développer son propre style. Le coach agit en tant que guide, offrant des conseils éclairés tout en laissant la liberté nécessaire pour que chaque personne puisse affronter et surmonter les défis de manière autonome.

## Cocréation de stratégies personnalisées

Chaque membre de l'équipe possède des forces, des faiblesses et des objectifs spécifiques. La cocréation de stratégies personnalisées permet d'adapter l'accompagnement aux besoins individuels de chaque partenaire. Les coachs peuvent organiser des séances individuelles où ils discutent des objectifs professionnels, des défis rencontrés, et des préférences en matière de réseaux sociaux.
En collaborant étroitement avec chaque membre de l'équipe, le coach peut aider à définir des plans d'action spécifiques, en mettant l'accent sur les domaines d'amélioration identifiés et en capitalisant sur les forces de chacun. Cela favorise une approche plus personnalisée, renforce l'engagement de l'équipe, et permet d'atteindre des résultats plus significatifs.
De ces deux méthodes émergent de bonnes pratiques managériales et des méthodologies de développement des compétences adaptées au contexte du *social selling*. Les principes de modélisation des bonnes pratiques, où les leaders démontrent activement le comportement souhaité, sont ancrés dans des approches de leadership efficaces et ont été appliqués dans divers domaines de gestion. La cocréation de stratégies personnalisées s'inspire des principes du coaching professionnel, de la gestion des ressources humaines et des pratiques de mentorat. Les méthodes de coaching et de mentorat visent à personnaliser l'accompagnement pour répondre aux besoins individuels des membres de l'équipe. Elles émergent de l'expérience pratique des professionnels du leadership, du management et du développement des compétences, et elles ont été adaptées au contexte spécifique du *social selling*.

*Flashez ce QR code pour découvrir un exemple d'animation d'équipe :*

## *Exemple de coaching individuel pour aider un partenaire à dépasser une difficulté*

Vous travaillez sur un projet en équipe et votre partenaire rencontre des difficultés avec une tâche spécifique. Voici comment adopter une approche attentive et patiente.

**Écoutez-le activement.**
Lorsque votre partenaire exprime ses préoccupations ou ses défis, accordez-lui toute votre attention. Posez-lui des questions ouvertes pour encourager l'expression de ses pensées et sentiments, et évitez les interruptions. Concentrez-vous sur le fait de comprendre pleinement ce qu'il essaie de vous communiquer.

**Faites preuve d'empathie.**
Montrez que vous comprenez ses sentiments et ses préoccupations en utilisant des expressions telles que « Je peux comprendre que cela soit difficile pour toi » ou « Je vois que tu es frustré ». Évitez de minimiser ses émotions et reconnaissez la légitimité de ce qu'il ressent.

**Proposez une assistance.**
Offrez votre aide de manière proactive en demandant, par exemple : « Y a-t-il quelque chose que je puisse faire pour te soutenir ? » Soyez prêt à collaborer pour trouver des solutions ensemble plutôt que de simplement donner des directives.

**Établissez un plan d'action.**
Travaillez et réfléchissez ensemble pour élaborer un plan d'action réaliste et réalisable, et décomposez la tâche

complexe en étapes plus petites pour rendre le processus plus gérable.

- Assurez un suivi.
- Restez en contact régulier pour voir comment les choses progressent. Soyez ouvert aux ajustements du plan si nécessaire et assurez-vous de reconnaître les progrès accomplis, même s'ils sont petits.
- Encouragez et félicitez.
- Célébrez les réussites, même les plus modestes, pour renforcer la motivation, et exprimez de manière positive l'appréciation pour les efforts déployés.

En adoptant cette approche, vous démontrez votre engagement envers le bien-être et le succès de votre partenaire, créant ainsi un environnement de travail collaboratif et encourageant. Cela contribue non seulement à résoudre les défis actuels, mais renforce également la confiance et la coopération à long terme et vous permet de développer des relations solides.

## Les atouts et les missions du coach

Pour animer et fidéliser son équipe et attirer de nouveaux talents à lui, un coach d'équipe doit se focaliser sur trois points essentiels.

### Trouver des solutions

En créant un environnement où les membres de l'équipe peuvent exceller malgré les difficultés, le coach est un résolveur de problèmes. Cette gestion proactive implique l'identification rapide des problèmes potentiels, que ce soient des obstacles rencontrés dans la construction de relations sur les réseaux sociaux ou des défis liés à la stratégie de vente, et un travail collaboratif pour proposer des solutions adaptées pour les résoudre.

### Reconnaître et célébrer les succès petits et grands

La reconnaissance et la célébration sont des éléments fondamentaux dans l'accompagnement d'une équipe. Chaque étape franchie, chaque réalisation mérite d'être célébrée. Cela crée un sentiment d'accomplissement et de motivation, renforçant l'engagement de l'équipe envers les objectifs collectifs.

### Faire preuve d'adaptabilité

Le monde du *social selling* évolue constamment. Un coach efficace doit être agile, savoir s'adapter aux changements du marché et des besoins des membres de l'équipe. Cette flexibilité permet de maintenir une approche pertinente et actuelle dans le processus d'accompagnement.

**Voici quelques idées pour les reconnaissances et célébrations.**

**Reconnaissance publique**

- Externe : posts sur les réseaux sociaux.
- Interne : mentions dans les conversations d'équipes, newsletters ou discours lors d'événements physiques ou digitaux.

**Badges et certificats**

- Badges virtuels pour célébrer les accomplissements.
- Certificats pour reconnaître les réalisations importantes.

**Profil du mois**

- Mise en lumière mensuelle d'un membre de l'équipe pour une action notable (ventes élevées, développement de l'équipe, dépassement de difficultés).

**Opportunités exclusives**

- Accès à des formations ou conférences pour monter en compétence.
- Rencontres avec des leaders du secteur.

**Mentorat**

- Accompagnement personnalisé pour aider à progresser rapidement grâce à l'expertise de l'équipe.

**Récompense**

- Trophées ou objets symboliques pour marquer les étapes franchies.
- Journées privilèges ou week-ends de cohésion pour motiver et renforcer les liens d'équipe.

Adaptez ces idées en fonction de votre profil et de vos moyens. L'objectif de ce business étant de gagner de l'argent, il est important de mettre en place un système adapté à vos capacités d'investissement et à vos revenus. Souvenez-vous que les reconnaissances sont essentielles pour animer, motiver et fidéliser votre équipe. Elles valorisent les progrès de chacun, renforcent leur confiance et de les incitent à continuer à évoluer. Elles motivent également les autres membres à réaliser des actions bénéfiques pour leur business, les aidant ainsi à progresser à leur tour.

## En conclusion

En *social selling*, il est possible de prospérer individuellement, mais également de créer un impact positif en partageant ses connaissances et en accompagnant d'autres personnes vers le succès. Le développement d'une équipe prospère, accompagnée de manière attentive et bienveillante, s'avère être un moyen puissant de s'épanouir et de gagner en compétence. Cela a ouvert d'immenses perspectives à de nombreux *social sellers* qui aujourd'hui coachent, animent des conférences et affinent des méthodes au-delà de leur propre équipe. Manager une équipe conduit à la fois à augmenter son revenu et des compétences qui contribuent à créer une meilleure version de soi-même. C'est la fusion parfaite du développement professionnel et personnel.

### Ressources pour aller plus loin

Bien qu'elles ne soient pas directement liées au *social selling*, ces ressources vous apporteront des conseils intéressants.

***Trouver son pourquoi : Guide pratique pour découvrir son moteur et celui de son équipe***, Simon Sinek, Paris, Pearson, 2018.

**Good Job**, Fabienne Broucaret, 2024, épisode 20 : *Comment faire de votre équipe une Dream Team ?* podcast disponible au format audio. Ce podcast propose des rendez-vous avec des personnalités engagées de la qualité de vie au travail.

**Les Petits cailloux**, Fabienne Broucaret, Aurélie Durand, épisode 03 : *Je ne sais pas déléguer*, podcast disponible en format audio. Ce podcast aident les managers à se sortir des tracas du quotidien, de ces situations qui nous arrivent à tous : un conflit dans une équipe qui s'enlise, un recrutement à mener en urgence, des sollicitations permanentes qui empêchent de travailler.

**Management et leadership : *Développe ton zest***, 2024, format audio disponible sur Spotify. Ce podcast partage la vie de managers et de leurs équipes sous le regard de différents coachs pour développer son zest personnel ; tout ce que vous avez voulu connaître sans le demander sur le développement du leadership et du management.

# 11

# Savoir organiser votre temps en fonction de votre harmonie personnelle

Dans ce chapitre, vous trouverez des conseils pratiques, des exercices et différentes méthodes pour vous aider à vous organiser en fonction de vos objectifs et de vos contraintes pour obtenir un maximum de résultats en un minimum de temps. Nous y aborderons aussi la notion de santé mentale et la nécessité de trouver une harmonie quotidienne dans votre activité en fonction des différentes sphères de votre vie afin de vous épanouir en tant qu'entrepreneur.

# Introduction

Être *social seller* vous offre une liberté incomparable et une flexibilité qui vous permettent de définir vos propres horaires et de gérer votre emploi du temps pour concilier vie professionnelle et personnelle comme vous le souhaitez. Cette grande liberté peut être à double tranchant car, si elle vous offre la capacité de fixer votre propre rythme, elle vous oblige également à faire preuve d'une grande discipline dans votre organisation et dans la gestion de votre temps. Faute de quoi, vous risquez vite de vous retrouver submergé, voire paralysé par les tâches incessantes à effectuer, et d'en oublier votre vie personnelle.

70% des *social sellers* se lancent dans cette activité en ayant une autre activité professionnelle ou personnelle. Si c'est votre cas et que vous voulez prospérer dans votre business, il est essentiel de savoir optimiser votre temps.

Cassons tout de suite le mythe selon lequel, pour réussir dans ce métier, il faut travailler jour et nuit, tous les jours de l'année. En revanche, pour réussir, il est essentiel de savoir gérer son temps.

## Déterminer le temps dont vous disposez

La première chose à faire est d'identifier le temps dont vous disposez et que vous souhaitez consacrer à votre business. Pour vous épanouir en tant qu'entrepreneur, il vous faut déterminer la part que vous souhaitez accorder à chaque aspect de votre vie, que ce soit la famille, les amis, une passion, un sport, le travail, et faire coïncider cette harmonie avec vos objectifs professionnels.

Savoir organiser votre temps, c'est utiliser cette précieuse ressource pour maximiser vos résultats et votre satisfaction. Une équation simple qui se résume par : {résultats obtenus/temps passé}.

L'art subtil de votre organisation part d'abord de vous, de vos habitudes, qu'il vous faudra peut-être faire évoluer, de votre capacité de travail et de concentration et de votre envie de progresser.

Dans tous les cas, votre capacité à vous organiser avec efficacité déterminera non seulement votre productivité, mais aussi votre qualité de vie. Cela implique de travailler intelligemment, de définir des limites claires entre les tâches professionnelles et les moments personnels, en respectant scrupuleusement ces frontières.

### L'exercice simple, mais puissant, de l'emploi du temps hebdomadaire

Remplissez un calendrier hebdomadaire pour identifier les plages horaires de vos obligations personnelles et professionnelles existantes. Les créneaux restants pourront être consacrés à votre business, tout en préservant vos moments de repos et de loisirs. Pour aller plus loin, vous pouvez pratiquer la technique du blocage de temps, également connue sous le nom de *time blocking*, en précisant sur chaque créneau disponible le type d'activité que vous allez effectuer : prospection, création de contenu, interactions physiques ou digitales, etc. Faites néanmoins preuve de flexibilité afin de vous adapter aux imprévus ou à la nouveauté dans votre activité.

**Fixez-vous des objectifs réalistes et atteignables en fonction de votre temps disponible. Vous ne pouvez pas atteindre le même résultat en consacrant huit heures par semaine à votre activité qu'en y consacrant trente-cinq, même en étant très efficace.**

## Liste (non exhaustive) des tâches du *social seller* pour établir votre planning :

- création de contenu ;
- formation aux produits et/ou services ;
- planification de contenu ;
- engagement avec l'audience : interagir avec les abonnés en répondant aux commentaires, messages privés, et en participant à des discussions sur les réseaux sociaux ;
- analyse des performances ;
- gestion de la communauté : construire et maintenir une communauté active autour de la marque ou du produit, en encourageant l'interaction et la fidélité ;
- suivi des ventes et prospects ;
- fidélisation des clients existants ;
- veille de marché : suivre les tendances du marché, les actualités de l'industrie et les activités des concurrents pour rester à jour et avoir de nouvelles idées.

*Flashez ce QR code pour découvrir un exemple d'agenda de social seller :*

**Savoir déconnecter est tout aussi important que de se concentrer sur son travail. Veillez à avoir un espace de travail dédié à votre activité qui vous permettra de vous y immerger complètement, mais aussi de vous déconnecter une fois votre travail fini.**

## Prioriser la productivité : la clé du succès

L'organisation du temps de travail avec, en particulier, l'importante notion de productivité, est un domaine très étudié qui fait l'objet de nombreuses recherches desquelles émergent de grands principes d'organisation qui vous aideront à concevoir la vôtre. En outre, chacun a une capacité de travail et de concentration bien à soi. Il vous faut donc déterminer quelles sont vos capacités et les pratiques qui vous correspondent le mieux. Vous pourrez ainsi définir votre propre méthode de travail, qui sera sans doute un savant mélange de plusieurs éléments. La prise en compte de la notion de productivité pour un entrepreneur dans le *social selling* consiste à créer un environnement et des méthodes de travail qui lui permettent de gagner en concentration, en créativité, de limiter les sources de stress et le temps perdu.

Dans le *social selling*, la productivité des actions menées ne se mesure pas seulement à la quantité d'actions produites, mais aussi à la qualité et la pertinence des résultats obtenus en termes d'engagement, de nombre de prospects ou de ventes, sans oublier la créativité des solutions trouvées et la capacité à les communiquer efficacement.

L'activité du *social selling* et les nombreux outils technologiques accessibles permettent également de mettre en place de la planification et de l'automation dans les actions à faire (publication de contenus, réponses sur des messageries, *call to action*) qui permettent d'être très efficace, de bien maîtriser son temps et de continuer à générer des résultats tout en étant déconnecté.

Voici les principes d'organisation du temps de travail que de nombreux *social sellers* et entrepreneurs utilisent pour être plus performants, mais aussi pour se créer un cadre de vie harmonieux.

## La théorie de la tâche unique

La théorie de la tâche unique est un concept issu de la psychologie cognitive. Des chercheurs tels que David E. Meyer ou Clifford Nass ont notamment étudié les limites de la capacité humaine à effectuer plusieurs tâches simultanément. Les recherches montrent qu'effectuer plusieurs tâches en même temps (être multitâche) peut entraîner une perte de temps due à la transition mentale nécessaire entre les différentes activités. Notre attention se divise, ce qui peut engendrer des erreurs, ainsi qu'une baisse de la qualité du travail accompli. Cette théorie de la tâche unique soutient qu'en se concentrant sur une tâche à la fois, vous autorisez votre cerveau à plonger dans un état de concentration maximale qui vous permet d'accomplir un travail de meilleure qualité plus rapidement. En outre, cette approche favorise une meilleure gestion du stress et de l'anxiété. En vous concentrant pleinement sur une seule tâche, vous évitez la sensation d'être submergé par un flot incessant d'informations et de responsabilités, ce qui contribue à votre bien-être mental et à votre capacité à gérer les situations de manière plus sereine. Dans un monde comme le *social selling* où les sollicitations sont constantes et les sources de distraction omniprésentes, cette notion revêt une importance majeure pour optimiser la productivité et l'efficacité. Faites l'exercice suivant et vous ne direz plus jamais : « Je suis multitâche. »

Pour mieux comprendre ce principe de la tâche unique, faites l'exercice suivant. Vous aurez besoin d'un crayon, d'une feuille de papier et d'un chronomètre.

**Étape 1 :** chronométrez-vous pendant que vous écrivez en une seule fois en lettres majuscules le mot MULTI-TASKING, et ensuite écrivez 1, 2, 3 sous chacune des lettres qui composent le mot… en dessous du mot. Le résultat sera le suivant : MULTITASKING puis 1, 2, 3, 4, etc. jusqu'à 12. Temps passé pour faire l'exercice :

..............................................

**Étape 2 :** chronométrez-vous à présent pendant que vous écrivez en lettres majuscules le mot MULTITASKING, en écrivant au fur et à mesure le chiffre correspondant en dessous de chaque lettre. Écrivez M et en dessous le 1, puis U et en dessous le 2, etc. Temps passé pour faire l'exercice :

..............................................

Le résultat est sans équivoque !
Maintenant que vous avez compris l'importance de vous concentrer sur une tâche à la fois, vous allez voir qu'il est tout aussi important de vous fixer une durée limitée pour l'accomplir. En effet, différentes études démontrent que la capacité de concentration sur la réalisation d'une même tâche est limitée, et qu'au fil des heures, l'attention baisse, ce qui peut conduire à des erreurs.

**La loi de Parkinson stipule que le travail s'étend pour remplir le temps disponible pour son achèvement. Fixer des délais plus courts peut conduire à une plus grande efficacité et à éviter la procrastination.**

Faites le test d'effectuer une tâche de deux façons différentes : sans vous fixer de temps et en vous fixant un temps limité. Quels sont vos apprentissages ? Avez-vous effectué plus de choses en délimitant votre temps ou, inversement, avez-vous effectué la même tâche beaucoup plus rapidement en vous fixant une limite de temps ?

**Le temps estimé de concentration soutenue sur une tâche spécifique varie généralement de dix à vingt minutes pour la plupart des personnes, comme le montrent les recherches menées par des psychologues tels que William James. Au-delà de cette période, la capacité de concentration peut commencer à diminuer, et des pauses ou des changements d'activité sont nécessaires pour maintenir l'efficacité.**
**Votre capacité de concentration vous est propre et elle va déterminer la façon dont vous organisez votre temps, notamment la fréquence des pauses que vous prenez et leur durée. Ne vous comparez pas aux autres. N'ayez pas peur d'expérimenter différentes méthodes pour bien cerner votre profil et adapter vos sessions de travail et vos pauses en conséquence.**

Choisissez deux ou trois approches parmi les méthodes de gestion du temps présentées, et testez-les pendant quelques jours afin d'identifier celles qui vous correspondent le mieux. Certaines d'entre elles peuvent être combinées.

## La méthode des deux minutes, issue de la méthode GTD (*Getting Things Done*)

Si une tâche peut être accomplie en deux minutes ou moins, elle doit être effectuée immédiatement. L'idée est de réduire la procrastination et d'éviter que des petites tâches s'accumulent. Cette méthode est particulièrement adaptée aux *social sellers* qui jonglent constamment entre différentes tâches et interactions. Commencez par identifier vos petites tâches quotidiennes. Cela peut inclure répondre à un commentaire sur les réseaux sociaux, envoyer un message de remerciement à un client ou répondre brièvement à un e-mail. Lorsque vous identifiez une tâche qui peut être accomplie en deux minutes, effectuez-la immédiatement. Vous pouvez, dans un premier temps, utiliser un minuteur pour prendre conscience du temps que vous y consacrez. Cela vous aidera à rester concentré et à ne pas dépasser le temps imparti. Plus vous pratiquerez et plus vous aurez la capacité d'identifier le temps que chaque tâche vous prend. Dans le *social selling*, les bénéfices de cette technique sont nombreux :

- **réactivité accrue :** répondre rapidement aux interactions en ligne améliore l'engagement et la satisfaction client ;
- **diminution du stress :** moins de tâches mineures s'accumulent, réduisant ainsi stress, anxiété et charge mentale ;
- **amélioration de la productivité :** en accomplissant immédiatement de petites tâches, vous vous libérez davantage de temps pour des projets plus importants ;
- bonne **clarté mentale :** cette technique aide à trier et à prioriser les tâches, rendant la journée plus gérable et structurée ;
- sentiment de **satisfaction** en accomplissant plusieurs tâches rapidement.

Attention, si elle est utilisée à l'excès, cette méthode peut conduire à une journée fragmentée. Elle doit être associée à des tâches plus longues qui demandent davantage de concentration.

**Issue d'une méthode d'organisation plus globale connue sous le nom de *Getting Things Done* de David Allen, la méthode des deux minutes, ou méthode GTD, est fondée sur l'idée de libérer l'esprit des tâches et engagements non organisés, permettant ainsi une concentration et une créativité accrues. Elle**

permet de réduire la charge mentale en se débarrassant des tâches et informations qui peuvent être traitées rapidement. Elle repose sur cinq étapes :

- **Capture :** notez tout ce qui requiert votre attention – tâches, idées, projets, etc. – dans un outil de collecte (comme un cahier, une application ou un dossier).
- **Clarification :** demandez-vous si chaque élément nécessite une action. Si c'est le cas, déterminez l'action concrète à entreprendre. Sinon, archivez-le, jetez-le ou mettez-le dans une liste d'attente.
- **Organisation :** listez vos tâches et les informations. Utilisez ces listes pour les suivre. Par exemple, une liste de tâches à faire, une liste de choses en attente, une liste de projets, etc. Ce qui est écrit n'a plus besoin d'être dans votre tête.
- **Réflexion :** consultez régulièrement vos listes et mettez-les à jour. David Allen suggère une revue hebdomadaire pour ajuster et évaluer à nouveau les tâches et les engagements.
- **Engagement :** utilisez ce système pour prendre des décisions éclairées sur ce que vous devez faire. Choisissez des tâches en fonction du contexte, de votre disponibilité, de l'énergie disponible et de la priorité.

La mise en œuvre de cette méthode nécessite un engagement régulier pour en faire un succès. Elle conviendra aux personnes méthodiques qui aiment mettre en place un système de travail.

## Délimiter et organiser son temps avec la technique Pomodoro

La technique Pomodoro, développée par Francesco Cirillo dans les années 1980, est une méthode de gestion du temps qui vise à augmenter la productivité et la concentration en utilisant des intervalles de temps définis, appelés « Pomodoros ».
Voici comment appliquer cette méthode.

- Déterminez la liste de tâches que vous souhaitez accomplir. Attribuez à chaque tâche une durée définie, généralement vingt à vingt-cinq minutes de travail concentré, suivies de cinq minutes de pause.
- Accordez-vous une pause plus longue après quatre intervalles (entre quinze et trente minutes) pour optimiser votre productivité.

**Le nom « Pomodoro » vient de la forme de tomate du minuteur de cuisine que Francesco Cirillo utilisait lorsqu'il a développé cette technique.**

Vous pouvez organiser votre travail à la semaine en priorisant les tâches les plus importantes, en vous référant à votre plan d'action et en les limitant afin de consacrer davantage de temps, d'attention et d'énergie à chacune d'elles. Cela conduit à une meilleure qualité de travail et à une plus grande efficacité. Prenez un moment, de préférence en fin de semaine ou le dimanche soir, pour planifier la semaine à venir. Établissez une liste de tâches à effectuer en fonction de vos objectifs en cours (à court, moyen et long terme). Cette préparation vous permettra de débuter votre semaine en ayant une vision claire des objectifs à atteindre. Puis découpez cette liste en une liste de tâches quotidiennes. Pour déterminer les tâches à effectuer en priorité, vous pouvez utiliser la matrice d'Eisenhower, qui vous aidera à les classer en fonction de leur urgence et de leur importance.

## La matrice d'Eisenhower

Prenez votre liste de tâches et répertoriez chacune d'entre elles dans le quadrant correspondant en fonction de vos objectifs, afin de consacrer votre temps et votre énergie à celles qui sont essentielles à votre business et qui ne dépendent que de vous.

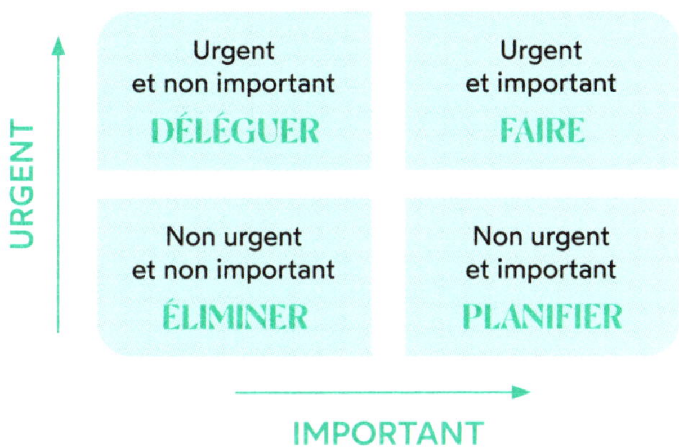

Au quotidien, apprenez à écouter votre corps et votre esprit. Soyez flexible avec vous-même en cas de fatigue ou de contraintes imprévues. Acceptez de lâcher prise si nécessaire et réorganisez votre emploi du temps en conséquence. L'adaptabilité est une compétence clé pour naviguer efficacement dans les hauts et les bas de l'entrepreneuriat.

### Astuce pour développer votre adaptabilité

- **Analysez vos habitudes :** tenez un journal de vos activités quotidiennes pendant quelques jours pour identifier les moments de la journée où vous êtes le plus productif. Utilisez ces informations pour planifier vos tâches les plus importantes pendant ces périodes.
- **Le quadrant des zones de concentration :** créez un tableau avec quatre zones : concentration haute, moyenne, faible et nulle. Classez vos tâches en fonction du niveau de concentration requis et effectuez-les en conséquence.

## Se fixer des échéances pour avancer

Fixez-vous des échéances à court, moyen et long terme pour rester focus sur vos objectifs. Concentrez-vous sur les actions qui vous en rapprochent vraiment.

Dans votre liste d'actions, prévoyez une colonne pour noter l'efficacité de ces dernières par rapport à vos objectifs. Abandonnez les actions peu payantes et concentrez-vous sur celles qui donnent des résultats.

Évitez de passer trop de temps sur les réseaux sociaux, vingt minutes à une heure au maximum par jour suffisent pour faire votre veille active (enregistrement d'idées, de *trends*, de son), planifier, créer ou publier votre contenu et répondre à votre communauté au sens large. Attention à l'accumulation des connaissances sans agir. En adoptant une approche proactive de la gestion du temps, vous optimisez votre productivité en tant qu'entrepreneur. Organisez-vous, restez concentré et priorisez les actions qui vous font avancer. Ce sont les clés pour profiter au maximum de votre temps.

Remettre en question vos habitudes est essentiel pour une croissance personnelle continue. Les habitudes peuvent devenir des routines rigides qui vous empêchent de progresser. N'ayez pas peur de les remettre en question lorsque vous n'avancez plus dans votre business ou que vos actions deviennent automatiques et sans résultats satisfaisants. C'est impératif lorsque la routine entrave votre croissance ou lorsque vous aspirez

à évoluer vers de nouveaux horizons. Adaptez votre emploi du temps selon ce qui fonctionne bien et ce qui ne fonctionne pas pour optimiser votre productivité.
Démarrer une nouvelle activité entrepreneuriale demande beaucoup d'engagement et de motivation. Maximiser son temps permet d'obtenir des résultats et de progresser plus rapidement. Développer un business est un marathon et non un sprint, chaque réussite est un point de ravitaillement le long de la route ; alors allez les chercher le plus rapidement possible pour vous donner l'énergie de continuer.

## Astuce pour la répartition du temps

La répartition du temps entre la définition des objectifs, leur suivi, l'exécution du plan et d'autres activités dépend fortement de vos priorités, de l'urgence de vos objectifs et de votre domaine d'activité. Il n'y a pas de répartition spécifique qui s'applique uniformément à tous les cas, car cela varie considérablement en fonction des circonstances. Cependant, voici une répartition générale à titre indicatif, sur une base 100.

- **Définition des objectifs : 10-20**
  Définir des objectifs précis est essentiel, mais cela ne doit pas prendre la majeure partie de votre temps.

- **Suivi des objectifs : 10-20**
  Le suivi régulier permet de s'assurer que vous progressez vers vos objectifs, mais ne doit pas non plus dominer votre emploi du temps.

- **Mise en œuvre du plan d'action : 50-70**
  La majeure partie de votre temps doit être consacrée à l'exécution du plan d'action. C'est là que vous mettez en pratique les mesures nécessaires pour atteindre vos objectifs.

- **Formation et développement personnel : 10-20**
  L'apprentissage continu et le développement personnel sont importants, mais doivent représenter une part plus petite de votre temps par rapport à l'exécution du plan.

Cette répartition n'est qu'une estimation générale et peut varier en fonction de nombreux facteurs tels que la complexité des objectifs, le secteur d'activité, les ressources disponibles et les priorités spécifiques à votre situation. Elle va aussi beaucoup dépendre de vous et de l'harmonie que vous souhaitez créer entre les différentes dimensions de votre vie.

# En conclusion

L'organisation du temps est la clé pour optimiser l'efficacité de votre travail et obtenir de meilleurs résultats. En structurant et en planifiant votre emploi du temps, vous pouvez vous concentrer sur les tâches les plus importantes, consacrer du temps à la prospection, à l'engagement de votre communauté et à la création de contenus de qualité.
Une gestion efficace du temps vous permet également de réagir rapidement aux opportunités et aux demandes de vos clients, tout en équilibrant la recherche de nouveaux prospects et la fidélisation des clients existants. Cela contribue à la croissance durable de votre activité et au maintien d'une harmonie entre vie professionnelle et personnelle.

## Ressources pour aller plus loin

***S'organiser pour réussir, la méthode GTD ou l'art de l'efficacité sans stress,*** David Allen, Paris, Alisio, 2021.

***Les 7 habitudes de ceux qui réalisent tout ce qu'ils entreprennent,*** Stephen R. Covey, Paris, J'ai lu, 2019.

***Deep work. Retrouver la concentration dans un monde de distractions : La méthode pour gagner du temps, être plus efficace et réussir,*** Cal Newport, Paris, Alisio, 2017. Dans cet ouvrage, l'auteur parle des stratégies pour se concentrer sur un travail de qualité dans un monde plein de distractions.

***Avalez le crapaud. 21 bons moyens d'arrêter de tout remettre au lendemain pour accomplir davantage en moins de temps,*** Brian Tracy, Paris, ABP éditions, 2018. Des conseils pratiques pour vaincre la procrastination et accroître sa productivité.

***Atomic Habits. An Easy & Proven Way to Build Good Habits & Break Bad Ones,*** James Clear, New York, Avery, 2018. Construire des habitudes positives pour optimiser sa productivité.

***Moka.Care, les secrets du mental,*** podcast format audio, disponible en ligne.

L'œil de l'expert

## Pierre-Étienne Bidon, cofondateur de moka.care

Pierre-Étienne Bidon, papa de deux enfants, a fondé en 2020 moka.care, solution de prévention en santé mentale pour les entreprises.

**Pour commencer, pouvez-vous nous expliquer ce qu'est la santé mentale ?**
Je vais simplement reprendre la définition qu'en donne l'OMS (Organisation mondiale de la santé) selon qui la santé mentale est un « état de bien-être qui permet à chacun de réaliser son potentiel, de faire face aux difficultés normales de la vie, de travailler avec succès et de manière productive, et d'être en mesure d'apporter une contribution à la communauté ». Elle ne se définit pas seulement par l'absence d'un trouble mental.

**Pouvez-vous nous parler de la genèse de moka.care et de ce qui vous a motivé à créer une entreprise axée sur la santé mentale ?**
Nous nous sommes rencontrés, Guillaume et moi, lors de nos études, et avons tous les deux décidé de démarrer notre carrière par le conseil en stratégie. Cet environnement très exigeant nous a beaucoup plu. Nous avons pu observer autour de nous les limites qu'il posait. Négliger la santé mentale impacte négativement aussi bien les individus que les entreprises.
Pour beaucoup, c'est encore un sujet stigmatisé, parfois associé à la faiblesse ou à un manque de mental, justement.
Notre ambition, avec moka.care, est précisément d'accompagner les entreprises et leurs équipes sur tous les enjeux de santé mentale pour prévenir les situations de risque, éviter au maximum qu'elles arrivent, et savoir y répondre quand elles sont déjà là.

**Comment votre vision de la santé mentale a-t-elle évolué depuis que vous êtes entrepreneur ?**
Je suis convaincu depuis la première heure que la santé mentale mérite d'avoir une image positive. Je dis souvent que les plus belles réussites naissent dans des esprits sereins.

Plutôt que d'associer la santé mentale au mal-être, à des situations de crise (comme des burn-out ou pire) ou de faiblesse, je la considère comme un levier extraordinaire de réussite quand on en prend soin. Je suis un grand fan de sport, et c'est une chose que l'on observe chez les athlètes de haut niveau.
Ce qui a évolué en revanche dans mon rapport à la santé mentale, c'est la dimension collective et préventive de celle-ci. Quand nous avons lancé moka.care en 2020, on nous a souvent dit que ce n'était pas le rôle de l'entreprise de prendre soin de la santé mentale de ses salariés. Or, plus nous travaillons avec nos clients, plus – j'en suis convaincu – un énorme effort collectif peut être fait pour libérer la parole, désamorcer les situations délicates, soutenir les personnes autour de soi et les orienter.

### Pouvez-vous partager avec nous ce que vous avez mis en place pour trouver votre harmonie ?

À titre personnel, ces dernières années m'ont placé face à deux défis, celui d'être un entrepreneur dirigeant, mais aussi celui de devenir père de deux enfants ! Ce changement m'a nécessairement confronté à la notion d'harmonie. Si je devais récapituler les quelques gestes de *self-care* que j'essaie d'appliquer au quotidien, ce serait :

- **Savoir déconnecter :** quand je suis avec mes enfants à la maison, je n'ai même pas mon téléphone sur moi, je le laisse dans une autre pièce. Et quand je pars en vacances, comme tous les employés de moka.care, je ne culpabilise pas à l'idée de complètement couper mes notifications, mes mails, mon Slack. C'est très important pour moi d'être à 100 % à ce que je fais à l'instant T ; donc quand je suis en famille je ne pense pas au travail.
- **Borner mon emploi du temps :** je pars tous les jours du bureau à 18 heures pour pouvoir aller chercher mes enfants à la crèche et passer du temps avec eux ; c'est juste normal. Je travaille ensuite à nouveau le soir lors de créneaux dédiés. Et je bloque aussi des créneaux immuables deux fois par semaine pour ma séance de sport.
- **Rester attentif à mes basiques :** bien manger, bien dormir, m'hydrater, m'exposer à la lumière – j'ai même acheté une lampe de luminothérapie !
- **Pratiquer la cohérence cardiaque :** nous avons créé une application de cohérence cardiaque gratuite et accessible à tous qui s'appelle Breathe de moka.care, et j'en suis un fervent adepte. C'est fou de constater à quel point prendre le temps de bien respirer ne serait-ce que cinq minutes dans sa journée permet instantanément de réduire le niveau de stress.

**D'après vous, pourquoi la santé mentale est-elle un enjeu majeur pour l'entrepreneur, au même titre que sa santé physique ?**

L'un ne va pas sans l'autre. Être entrepreneur demande du temps et de l'énergie. J'aime beaucoup parler d'énergie, car cela fait bien le pont justement entre le physique et le mental. C'est un sujet sur lequel travaille un groupe de chercheurs avec le projet *The Energy Project,* et leurs résultats sont passionnants. La santé mentale est un enjeu majeur pour tenir dans la durée et être résilient face aux aléas d'une construction d'entreprise.

**Quelles stratégies recommandez-vous pour gérer le stress et l'anxiété liés au travail en tant qu'entrepreneur solo ?**

Une bonne compréhension du mécanisme du stress aide à trouver des solutions. C'est tout simplement biologique : le cortisol, sécrété quand on est stressé ou quand on perçoit un danger, est l'hormone qui nous permet d'être plus productif et plus réactif au travail. À petite dose, il n'est pas nocif, il active le système nerveux sympathique et ce qu'on appelle parfois le mode « fuite ou combat ». Le problème, c'est que l'activation de ce système bloque celle du système opposé : le système nerveux parasympathique qui, lui, est en charge des fonctions de restauration du corps, comme le sommeil et la digestion. Si les périodes de stress et de repos alternent régulièrement, pas de souci, le corps a le temps de récupérer. Mais si la pression est permanente et qu'on n'a plus le temps de prendre du temps pour soi en dehors du travail, il est physiquement impossible pour le corps de se reposer ! C'est souvent ce déséquilibre du système nerveux qui mène du stress au burn-out.

**On comprend bien que préserver du temps pour soi est essentiel, mais comment faire ?**

Ces stratégies sont propres à chacun, mais je peux bien sûr partager ce qui marche pour moi dans ma vie d'entrepreneur.

**Accorder de la valeur à ce qui est en dehors du travail :** on a un biais quand on est entrepreneur, on est forcément très investi dans son travail. J'avais été marqué par les propos d'Alizé Cornet et d'Ysaora Thibus, dans notre podcast Les Secrets du mental, qui racontaient combien il était difficile pour un sportif de haut niveau de se définir en tant que personne, en dehors de son sport. De ne pas se résumer à son classement ou à ses médailles. C'est assez vrai pour l'entrepreneur aussi : nous ne sommes pas définis uniquement par ce que nous faisons. Cela vaut le coup de se poser et de se demander sincèrement : qu'est-ce qui compte vraiment pour moi ? À quoi je voudrais accorder plus de temps ? Qu'est-ce que cela m'apporterait de plus ? Quel sera l'impact de cette tâche dans cinq ans ? Cela permet de relativiser certains problèmes, de ne pas surestimer l'enjeu.

- **Réfléchir à l'allocation de son temps :** cela manque un peu de poésie, mais considérer mon temps comme une ressource a été clé pour m'aider à prioriser mes tâches et à me concentrer sur celles sur lesquelles j'ai un réel impact. Par exemple, il faut accepter de dire non (à une réunion qu'on ne va pas avoir le temps de préparer, à une sollicitation extérieure dans une période de rush, etc.).
- **Lâcher prise sur certains sujets pour vraiment les déléguer :** il faut sincèrement accepter le fait qu'il y a plusieurs manières de faire et d'arriver à un même résultat. Par exemple, une personne va peut-être vendre votre produit avec un discours différent du vôtre ou écrire un article dans un style différent du vôtre, mais cela ne rend pas son travail moins bon que le vôtre.
- **Prendre le temps de célébrer les petites victoires :** nous veillons à le faire de plus en plus chez moka.care et j'ai le sentiment que ça nourrit réellement ma motivation et la cohésion de l'équipe.
- **Faire de vraies pauses et prendre de la hauteur :** la déconnexion est un vrai sujet. Elle me semble nécessaire pour in fine prendre de meilleures décisions. Je n'oublie pas de prendre des vacances, je coupe mes notifications quand je suis chez moi, je m'intéresse à bien des sujets en dehors de mon travail. Tous ces moments de réelles déconnexions me « rechargent ». Et ça a d'ailleurs été prouvé par une étude de Cyril Couffe et Caroline Cuny : quand on laisse son cerveau vagabonder, on gagne en performance au travail (10 % en moyenne).
- **Identifier la bonne technique de récupération pour soi :** en général on en dénombre six, qui permettent de réactiver le système nerveux parasympathique : le silence, le sommeil, la visualisation (se souvenir de moments heureux par exemple), la respiration, la nature, l'introspection.

**Vous aimez parler d'harmonie plutôt que d'équilibre pro/perso, une terminologie largement répandue dans les médias. Pouvez-vous nous expliquer pourquoi ?**

La notion d'équilibre a quelque chose d'intransigeant. On l'illustre très souvent par une balance, qui penche tantôt d'un côté, tantôt de l'autre, au risque de créer un déséquilibre constant, comme deux forces qui s'opposeraient, voire s'affronteraient. Personne n'a envie de vivre comme cela. Je préfère parler d'harmonie entre la sphère personnelle et la sphère professionnelle, car on y trouve davantage l'idée de fluctuation dans le temps (c'est normal qu'il y ait des périodes qui soient un peu plus chargées que d'autres au travail, par exemple) et de réconciliation.

Au lieu de vouloir siloter, on peut valoriser la richesse qu'une sphère apporte à l'autre. Par exemple, je pratique différents sports, comme la course à pied, qui va favoriser l'endurance et la persévérance, et le parapente, qui va amplifier ma capacité à prendre des décisions rapidement dans un univers incertain. Ces compétences me servent aussi dans ma vie professionnelle. Pour que cela soit possible, il est légitime de penser que seuls les passionnés ou les salariés très investis peuvent y arriver. Mais au-delà d'aimer son travail, c'est « aimer qui l'on est dans son travail et aimer qui l'on est à la maison ». Un concept qui nous vient tout droit de l'américain Simon Sinek.

### Quel impact les réseaux sociaux ont-ils généralement sur la santé mentale des entrepreneurs?

Au-delà des réseaux sociaux, ce sont l'hyperconnexion et l'hyper-sollicitation, d'une manière générale, qui inquiètent les spécialistes. Les comportements addictifs sont aussi observables et nuisibles chez les adultes, car ils entraînent de l'irritabilité, une baisse de l'estime de soi (quand on est dans la comparaison permanente, par exemple), un isolement social, etc.

### Comment les entrepreneurs peuvent-ils équilibrer le temps passé sur les réseaux sociaux avec leur santé mentale?

Je vais donner des conseils assez généraux que beaucoup connaissent, mais on peut par exemple:

- **désactiver** les notifications sur son téléphone et son ordinateur: cela peut paraître basique, mais chaque e-mail reçu qui détourne notre attention nous demande un surplus de concentration pour nous remettre à la tâche précédente;
- **mettre des time limits** sur les applications de son téléphone;
- **poser des règles,** comme l'interdiction du téléphone dans la chambre passé une certaine heure (cela vous demandera juste de vous acheter un réveil classique) et augmenter ses activités sans écran, comme la lecture;
- **faire des digital detox:** s'obliger, par exemple, à ne pas prendre son téléphone quand on marche dans la rue ou quand on fait la queue au supermarché.

### Quelles sont les pratiques quotidiennes que les entrepreneurs peuvent adopter pour maintenir une bonne santé mentale?

J'ai parlé plus haut de différentes routines que l'on peut adopter pour prendre soin de sa santé mentale à titre individuel. J'y ajouterais un concept qui est celui de **sécurité psychologique**. Créer un environnement de travail sain autour de soi est essentiel quand on est un entrepreneur, pour soi comme pour son équipe. Le concept de sécurité psychologique est au fondement de cela, en créant un climat de bienveillance entre les différents membres de l'équipe et vis-à-vis du management. Et il passe par une chose essentielle: le droit à l'erreur. Pour être résilient et rester créatif, performant, il est essentiel de s'accorder le droit à l'erreur, de rester bienveillant envers soi-même et avec les autres.

**Quels sont les signes avant-coureurs indiquant que la santé mentale d'un entrepreneur pourrait nécessiter une attention particulière ?**

Les signes avant-coureurs sont multiples :

- **physiologiques :** troubles digestifs, maux de tête, insomnie ou hypersomnie, sentiment de fatigue excessive, prise ou perte de poids ;
- **cognitifs :** troubles de la concentration, de la mémoire, indécision ;
- **comportementaux :** impulsivité, agressivité, comportements addictifs ;
- **émotionnels ou affectifs :** irritabilité, hypersensibilité, ou au contraire détachement, froideur, indifférence.

**Comment aborder et gérer ces signes avant-coureurs ?**

Les connaître permet déjà de mieux les repérer. Ensuite, quand ils apparaissent, on peut commencer par essayer de se reconcentrer sur ses basiques (le sommeil, l'alimentation) et surtout d'en parler autour de soi : à ses proches, à des pairs, ou à des professionnels de santé physique et mentale !

**Quelles ressources recommanderiez-vous aux entrepreneurs qui souhaitent en savoir plus ou cherchent du soutien en matière de santé mentale ?**

moka.care, bien sûr ! : -)

# 12

# Exercer votre activité de *social seller* de manière responsable et légale

Dans ce chapitre, nous vous partageons notre vision d'un *social selling* responsable qui est au cœur de la méthode S.I.M.P.L.E™ que nous avons développée pour Jolimoi, et à laquelle tous nos partenaires indépendants adhèrent. Nous y abordons, en toute transparence, les « do » et « don't » du *social selling* afin que vous puissiez exercer votre activité en toute sérénité, en traitant notamment des nouvelles obligations qu'implique la loi de juin 2023 sur l'influence commerciale. Nous vous présentons également une liste d'outils pour vous faciliter la vie et professionnaliser votre démarche, dont le certificat du *social selling* responsable que nous sommes très fiers d'avoir lancé avec l'Autorite de régulation professionnelle de la publicité (ARPP), Meta, l'Union des marques, la Fevad et la FVD.

# Introduction

Dans *social selling* responsable, il y a le mot « responsable ». Quelle valeur devons-nous accorder dans notre métier à la notion de responsabilité ? Comment pouvons-nous revendiquer notre rôle d'entrepreneur à impact lorsque nous vendons des biens et des services en utilisant la puissance des réseaux sociaux et des nouvelles technologies ?
Que ce soit vis-à-vis de vos clients, des marques avec lesquelles vous collaborez ou des équipes que vous accompagnez, en devenant *social seller*, vous vous engagez dans une relation d'influence commerciale et professionnelle. À ce titre, vous devez avoir conscience de l'impact que vous avez au quotidien auprès de ces différentes personnes.

*« Avec de grands pouvoirs,*
*viennent de grandes responsabilités. »*
ONCLE BEN DANS *SPIDER-MAN*

## L'impact du *social seller*

Le *social selling* permet d'avoir, massivement et rapidement, un impact positif d'un point de vue social, économique et environnemental. L'intelligence collective, la collaboration, la mise en commun de ressources et de savoir-faire sont les facteurs clés de succès de ce nouveau modèle. Nous avons le pouvoir d'agir et d'orienter nos choix dans la bonne direction ; vers une consommation plus responsable, centrée autour de besoins concrets, en ayant la satisfaction des clients comme moteur, en refusant le système dominant actuel qui consiste à écouler des produits toujours plus nombreux. Oui, nous avons le pouvoir d'aider des millions de personnes à consommer et à entreprendre autrement. Le *social selling* ouvre des perspectives illimitées et une opportunité pour beaucoup d'accéder à un confort de vie auquel ils n'auraient pu prétendre en suivant une voie classique. C'est un pouvoir immense que de permettre à une personne de saisir sa chance, de prendre l'ascenseur social. Ce pouvoir nous oblige, car il peut aussi bien être utilisé à mauvais escient dans un but de contrôle, de pouvoir, de gains et d'abus de la personne. À travers notre expérience, et en particulier l'accompagnement de milliers de femmes pour les aider à développer leur business de *social selling* chez Jolimoi, nous avons trop souvent rencontré des personnes venant de diverses

sociétés, en épuisement professionnel ou en détresse émotionnelle, qui ont souffert de pratiques irrégulières, de harcèlement et qui n'ont pas su ni pu se protéger, faute d'information, de soutien ou encore par méconnaissance.
Être responsable, dans notre métier, c'est s'informer, éduquer et accepter tous les tenants et les aboutissants des plateformes sociales et des nouvelles technologies afin d'exercer ce métier en conscience. Le *social selling* est avant tout une histoire de femmes et d'hommes, de relations et de liens qui se créent. Ces liens sont ce que nous avons de plus précieux en société. Pour les maintenir, nous devons avant tout prendre en compte le respect et l'épanouissement de la personne.

## *Social selling* : respecter les bonnes pratiques

Le *social selling* responsable repose sur plusieurs piliers essentiels :

- **comprendre** les besoins et les préoccupations des clients ;
- **veiller** à la haute qualité des produits et des services recommandés ;
- **offrir** une transparence totale dans les interactions commerciales, y compris une communication honnête sur les marques, les prix, les politiques de retour et les pratiques commerciales ;
- **veiller** à ce que les activités commerciales ne nuisent pas à l'environnement ou à la société.

Du fait de votre activité de *social seller* sur les réseaux sociaux, vous êtes garant de la relation client du moment où vous créez un contenu jusqu'à la réception du produit par votre client. Vous devez vous assurer de respecter la réglementation et les bonnes pratiques du commerce en ligne, de l'influence commerciale et de la publicité.

### Les principales règles à respecter

Afin de vous aider au quotidien dans votre activité, nous avons organisé ces principales règles en fonction des grandes étapes du cycle de vie de la relation commerciale entre le *social seller* et son client.

*Flashez ce QR code pour découvrir les grandes étapes du cycle de vie du client :*

## Communication sur les réseaux sociaux

Les réseaux sociaux qui englobent aujourd'hui les messageries instantanées type WhatsApp, Messenger, ou encore Telegram, sont des outils puissants pour communiquer et atteindre des centaines, voire des milliers de personnes. En tant que *social seller*, lorsque vous prenez la parole, vous le faites en votre nom, et ce que vous dites ou partagez peut influencer vos potentiels clients, mais aussi tous ceux et celles qui vous suivent. Vous devez donc avoir un comportement conscient et responsable dans votre communication, avec une attention particulière aux personnes vulnérables (jeunes adolescents, minorités, personnes isolées ou en difficulté).
Par ailleurs, lorsque vous communiquez sur les réseaux sociaux pour partager un produit ou un service que vous appréciez afin de le recommander à un client dans la perspective qu'il l'achète et que cela vous rapporte un revenu, votre communication et vos contenus entrent dans le cadre de la loi sur l'influence commerciale et vous devez faire preuve de transparence.

La loi du 9 juin 2023 définit ainsi l'influence commerciale :
« Opère une activité d'influence commerciale toute personne physique ou morale qui, à titre onéreux, mobilise sa notoriété auprès de son audience pour communiquer au public établi sur le territoire français, par voie électronique, des contenus visant à faire la promotion, directement ou indirectement, de biens, services ou d'une cause quelconque. »

Le principe de la transparence des relations commerciales entre la marque, la plateforme et le *social seller* découle de l'article 7 du Code ICC publicité et communication commerciale qui précise : « La finalité commerciale de la communication doit être apparente et la communication ne doit pas occulter sa finalité commerciale réelle. » En d'autres termes, le consommateur doit savoir que vous communiquez dans le but de réaliser une vente, et votre lien avec l'entreprise partenaire ou la marque doit être explicite. Dès lors vos contenus sont considérés comme de la publicité.

Voici les grandes règles à respecter dans vos communications sur les réseaux :

- indiquez si vous utilisez des filtres ou des corrections sur les images, vidéos publiées, live shopping ;
- indiquez si l'image ou la vidéo ont été créées grâce à l'intelligence artificielle ;
- n'incluez aucune représentation dégradante d'une personne. L'humain ne peut être réduit à un objet !
- la nudité est encadrée et acceptée uniquement s'il y a un lien direct avec le produit (exemple : pour des sous-vêtements) ;
- pas de sexisme dans vos contenus (exemple : les tâches ménagères doivent être assurées indifféremment par la femme ou l'homme) ;
- toute forme de discrimination est totalement interdite (racisme, religions…) ;
- veillez à ne pas heurter la sensibilité des audiences ;
- n'oubliez pas que votre publicité se doit d'être responsable : aucune banalisation d'actes dangereux ou violents ;
- lorsque vous partagez un avant-après, indiquez si c'est le vôtre ou celui d'un client, et s'il a fait l'objet de modifications de l'image (type Photoshop) ;
- de manière générale, évitez tout contenu allant à l'encontre de la protection de l'environnement : greenwashing, etc. ;
- indiquez sur chaque post ou story qu'il s'agit d'une collaboration commerciale de manière explicite et instantanée.

| À FAIRE | À NE PAS FAIRE |
|---|---|
| **Caractère explicite de la relation**<br>« Collaboration commerciale »<br>« En partenariat avec »<br>« Communication commerciale »<br>« Conseiller commercial pour » | **Caractère explicite de la relation**<br>Ne pas simplement indiquer<br>#*social selling*<br>Ne pas simplement ajouter<br>#nom de la plateforme |
| **Caractère instantané de l'information**<br>En début de contenu : post, story, dès le lancement du live shopping | **Caractère instantané de l'information**<br>En fin de contenu |

Attention ! En termes de communication, certains produits sont soumis à des règles particulières, tels que les produits de santé, les produits cosmétiques, les boissons alcoolisées, les produits financiers… Renseignez-vous sur les spécificités et obligations propres aux produits et à l'univers dans lequel vous exercez.

## Conversation en personne ou via les messageries instantanées

Vous devez conserver de bonnes pratiques y compris dans les messageries instantanées sur les réseaux sociaux directement (messagerie Instagram, Messenger) ou autre type WhatsApp ou Telegram. Dès lors que vous êtes dans une relation commerciale, les règles qui s'appliquent sont les mêmes que celles qui régissent les réseaux « ouverts ».

Voici quelques règles à respecter :

- assurez-vous que vos messages ne sont pas intrusifs pour votre client (fréquence, heure, contenu);
- assurez-vous en permanence que votre prospect ou client souhaite continuer à échanger avec vous. S'il ne répond plus, respectez son choix. Vous ne devez pas le harceler par de multiples relances. Les pratiques de spam ou harcèlement via les réseaux sociaux sont répréhensibles et passibles d'amendes et de poursuites légales;
- veillez au respect de la vie privée de vos clients et mettez en place une méthode de stockage et de suppression des données en ligne avec le Règlement général sur la protection des données (RGPD) qui s'applique en Europe depuis 2016. Si vous travaillez en partenariat avec une marque ou une entreprise de *social selling*, la charge de l'application de la protection des données sur ses plateformes lui revient. Néanmoins, si vous stockez des données personnelles de vos clients sur votre téléphone ou votre ordinateur en dehors de la plateforme, vous êtes alors soumis aux mêmes règles.

**Un spam désigne généralement un message électronique non sollicité envoyé en masse, souvent à des fins publicitaires. Ces messages peuvent inclure des courriels, des messages texte, des commentaires sur les réseaux sociaux, ou d'autres formes de communication numérique. L'objectif principal du spam est souvent de promouvoir des produits ou des services, mais il peut également être utilisé à des fins mal intentionnées telles que la distribution de logiciels malveillants ou la collecte de données personnelles.**

## Recommandation ou constitution d'un panier d'achat pour le client

Lorsque vous préparez une recommandation de produits ou de services, ou lorsque vous constituez un panier d'achat pour votre client en ligne, vous devez respecter les règles suivantes: communiquer au consommateur, avant le processus d'achat, l'ensemble des informations relatives aux produits et/ou services présentés et les droits et obligations qui lui incombent (redirection du consommateur vers le site de vente, transmission d'une fiche produit si nécessaire, informations sur le prix, les conditions de crédit, la période de rétractation, les conditions de livraison et de garantie, les modalités du service après-vente…); lorsque vous renvoyez le consommateur vers un e-shop, vous devez vous assurer que le e-shop fonctionne et qu'il donne toutes les informations relatives aux modalités de paiement et livraison au client.

- **Création du compte client**
  Assurez-vous que les règles de création du compte client et d'hébergement des données personnelles sont respectées par la plateforme marchande ou sur votre plateforme, le cas échéant.

- **Paiement**
  Assurez-vous que votre client reçoit bien une facture et son justificatif de paiement lorsqu'il effectue son règlement. Il faut transmettre un justificatif de paiement une fois la transaction réalisée.

- **Livraison et réception du produit (ou du service)**
  Assurez-vous que votre client reçoit bien sa commande, et ce, de manière conforme à son bon de commande et à la facture, et qu'il est en mesure d'exercer son droit de rétractation à la suite de la livraison de sa commande.

**Le délai de rétractation est le laps de temps pendant lequel un consommateur peut annuler un contrat d'achat ou de prestation de service sans avoir à fournir de justification, et ce, après avoir conclu le contrat. Ce délai est souvent accordé dans le cadre de transactions réalisées à distance ou en dehors des locaux commerciaux, comme les achats en ligne, par correspondance ou par téléphone. Dans l'Union européenne, le délai de rétractation**

**standard pour les achats en ligne est de quatorze jours à compter de la réception des marchandises, bien que cela puisse varier selon le pays et le type de produit ou de service. Pendant ce délai, le consommateur peut informer le vendeur de sa décision de se rétracter, puis renvoyer les biens ou annuler la prestation de service. Une fois la rétractation effectuée, le vendeur est tenu de rembourser le consommateur dans un délai spécifié par la loi, généralement dans les quatorze jours suivant la réception des biens retournés ou la notification de rétractation, ou en fonction de ce qui est indiqué dans les conditions générales de vente (CGV).**

## La méthode de rémunération du *social seller* et les techniques d'animation au cœur d'une dynamique responsable

Lorsque vous vous engagez dans une relation commerciale avec une marque ou une plateforme pour faire du *social selling*, vous devez vous interroger sur la façon dont vous allez gagner de l'argent, non seulement au niveau de la légalité du plan de rémunération dont vous bénéficiez, mais aussi sur les différents leviers du plan qui vont orienter votre façon de travailler.

### Se poser les bonnes questions

- Quelle est l'action qui va me permettre de gagner de l'argent ? → la recommandation et la vente d'un produit à un client final sont au centre du modèle économique. Quel que soit le type de rémunération, il doit toujours provenir de la concrétisation d'une vente d'un produit ou d'un service à un client final (et non pas au vendeur lui-même).
- Quelle est la rémunération brute que je touche sur la vente d'un produit ?
- Suis-je obligé d'acheter, à titre personnel, des produits chaque mois pour gagner de l'argent ?
- Suis-je libre d'exercer mon activité à la fréquence et au rythme que je veux, ou m'impose-t-on des objectifs ?
- Mon partenaire ou mon coach peuvent-ils m'obliger à faire des actions avec lesquelles je ne suis pas aligné ?
- Est-ce que je me sens libre de recommander et de conseiller les produits et services que je pense adaptés à mon client ?

- Est-ce que je me sens libre d'arrêter mon activité quand je le souhaite ?
- Ai-je des frais de résiliation ? Ces frais sont-ils raisonnables par rapport au montant que je gagne ?
- Suis-je rémunéré directement sur le recrutement d'un autre *social seller* ?
- Suis-je rémunéré sur le chiffre d'affaires de mon équipe ? De quelle manière ?
- Quelles sont les conditions à atteindre pour être rémunéré ?
- Quelles sont la fréquence et la date de versement de ma rémunération ?

| QUESTION | LÉGAL | ILLÉGAL |
|---|---|---|
| Ma société vend-elle un produit ou une prestation de services ? | OUI | NON |
| L'entreprise dispose-t-elle de la liste de ses membres ou vendeurs ? | OUI | NON |
| Me propose-t-on une rémunération pour chaque recrutement d'un nouveau membre ? | NON | OUI |
| Ma rémunération ne provient-elle que du recrutement et non de la vente de mes produits/services aux clients ? | NON | OUI |
| Ai-je une obligation d'acheter des produits de la marque de façon récurrente et/ou pour valider mes statuts et percevoir ma rémunération ? | NON | OUI |
| Suis-je rémunéré sur le droit d'entrée ou le pack de démarrage de mes partenaires ? | NON | OUI |

Le *social selling* repose sur un principe fondamental d'indépendance du vendeur. Il est libre de travailler quand il veut et le nombre d'heures qu'il veut. C'est un entrepreneur.
À ce titre, vous devez conserver votre libre arbitre en permanence tout en restant dans le cadre du contrat signé avec votre société qui, outre le plan de rémunération, peut inclure un certain nombre d'obligations : une charte de comportement, un engagement vis-à-vis des valeurs de l'entreprise, le respect de la méthode business de l'entreprise, etc.

# En conclusion

Chez Jolimoi, nous avions déjà développé des modules de formation sur le *social selling* responsable, mais la nouvelle loi nous a donné envie d'aller plus loin et de nous associer à d'autres organismes afin d'aider tous les acteurs du secteur à y voir plus clair et les inciter à agir de manière responsable. Nous considérons que notre rôle, en tant que *social retailer*, est également d'accompagner les *social sellers* indépendants qui nous rejoignent, pour leur faciliter la vie et leur donner les clés d'une pratique responsable. Nous sommes tous gagnants à promouvoir le *social selling* responsable : entreprises, marques, *social sellers* et clients.

La seule voie du *social selling*, si l'on veut qu'il devienne une pratique généralisée, passe par la professionnalisation et une démarche responsable de la part de l'ensemble des marques et entreprises faisant appel au *social selling*, afin de donner sa pleine puissance à ce nouveau modèle économique.

## Le certificat du *social selling* responsable

C'est pourquoi nous avons appelé de nos vœux la création d'un certificat du *social selling* responsable et travaillé au sein du comité de surveillance de l'ARPP pour sa mise en œuvre. Ce certificat, accessible à toutes les entreprises, à toutes les marques et à tous les indépendants, a été créé par l'ARPP et le comité de surveillance auquel ont participé l'Union des marques, Meta, la Fevad, la FVD, Jolimoi et l'Autorité de régulation professionnelle de la publicité (ARPP).

Le *social selling* est un outil puissant qui permet à toute personne qui le souhaite d'entreprendre autrement, d'accompagner d'autres à le faire et d'avoir un impact positif sur les modes de consommation. C'est cette conviction forte qui nous anime chez Jolimoi et qui nous pousse à la fois à faire découvrir cette nouvelle forme d'entrepreneuriat au grand public, et aussi à œuvrer au quotidien pour préserver les bonnes pratiques dans cette industrie.

Toutes les sociétés de *social selling*, leurs partenaires ou les acteurs indépendants exerçant une activité de *social selling* doivent désormais se conformer à la loi du 9 juin 2023.

L'œil de l'expert

## Mohamed Mansouri

Directeur délégué de l'Autorité de régulation professionnelle de la publicité (ARPP), Mohamed Mansouri joue un rôle majeur dans l'encadrement et la régulation des pratiques publicitaires, y compris dans le domaine de l'influence marketing.
Avec la nouvelle loi sur l'influence commerciale, le périmètre de l'ARPP s'élargit aux pratiques des *social sellers* qui créent des contenus publiés via les réseaux sociaux dans le cadre de leur activité et entrent donc dans le champ de la loi sur l'influence commerciale.

**Quelle est l'évolution de l'influence marketing ces dernières années, et quelles sont les principales tendances que vous identifiez ?**
Le développement de la *creator economy* à l'échelle planétaire peut être qualifié d'exponentiel. Le marché mondial du marketing d'influence est passé de 6,5 milliards de dollars en 2019 à 21,1 milliards de dollars en 2023, selon une étude de Satista.
En matière de respect des bonnes pratiques de transparence et de loyauté, la tendance est à l'amélioration. En effet, dans le cadre de l'Observatoire de l'influence responsable, nous avons constaté que le taux de manquement aux règles de transparence (c'est-à-dire le fait de dévoiler la collaboration commerciale) est passé de 27 % en 2021 à 11 % en 2023. Cette amélioration est le résultat des nombreuses actions pédagogiques menées par la profession à l'ARPP, à commencer par le certificat de l'influence responsable.

**Quel rôle l'ARPP joue-t-elle dans la régulation de l'influence marketing, et comment ce rôle a-t-il évolué ?**
Depuis plus de sept ans maintenant, les acteurs membres de l'ARPP se mobilisent en faveur des bonnes pratiques et de la transparence dans le secteur de l'influence commerciale. Ce travail, déconnecté des polémiques et dérives fortement médiatisées, a permis la mise en place d'outils performants pour structurer le marché : une Recommandation déontologique en 2017 ; l'Observatoire de l'influence responsable en 2019 ; le certificat de l'influence responsable en 2021, en passe d'être adopté à l'échelle européenne par l'EASA (Alliance

européenne pour l'éthique en publicité) sous l'impulsion de l'ARPP. Aujourd'hui, nous nous réjouissons de voir que les influenceurs certifiés commettent moins de 1 % de manquements aux règles de transparence. Alors que la barre des 1500 créateurs certifiés vient d'être franchie, l'ARPP poursuit son accélération dans la diffusion des bonnes pratiques, y compris à l'échelle européenne.

**Pouvez-vous nous expliquer ce que recouvre le certificat de l'influence responsable et pourquoi il a été créé ?**

La pédagogie à destination des créateurs de contenus est devenue un enjeu stratégique fondamental. C'est le constat établi par le comité de suivi de l'Observatoire, qui regroupe les marques, les agences, les plateformes… Chaque année nous confirme que la méconnaissance des règles est plus forte chez les « petits » créateurs de contenus. En 2023, le taux de manquement aux règles de transparence était de 23 % chez les influenceurs de la *long tail* (moins de 10 000 abonnés) alors qu'il était de 8 % chez les influenceurs de la *top tail* (plus de 1 million d'abonnés). Cela s'explique par le fait que les petits créateurs n'ont pas forcément l'accompagnement dont peuvent disposer les « stars » des réseaux sociaux (agent, avocat, etc.). Le certificat de l'influence responsable a été mis en œuvre pour répondre à cet enjeu. Cela permet au créateur d'apporter, à son audience et aux marques, l'assurance qu'il maîtrise le cadre légal et déontologique et donc de se différencier, mais c'est aussi un moyen pour les marques de préserver leur image (*Brand Safety*) et leur responsabilité.

**Trois ans après son lancement, quel bilan faites-vous de la mise en place du certificat de l'influence responsable et quelles sont les perspectives ?**

Des profils célèbres comme Lena Situations, Hugo Décrypte, Bilal Hassani, et d'autres, moins célèbres, ont suivi le parcours et décroché le sésame de plus en plus imposé par des entreprises comme L'Oréal France, Bel France, La Banque Postale, le Club Med, LCL, les opérateurs de jeux d'argent, etc.

**Comment différenciez-vous le *social selling* de l'influence, et quelles implications cette distinction a-t-elle pour les régulateurs et les professionnels du marketing ?**

Le *social selling* – ou vente sociale – se distingue de l'influence commerciale dans la mesure où il est caractérisé par la vente. Au-delà de la promotion d'un produit ou d'un service, le processus s'étend jusqu'à la transaction en tant que telle. Ainsi, les vendeurs sociaux peuvent être amenés à exercer l'activité d'influence commerciale telle que définie par la loi du 9 juin 2023, dès lors qu'ils font la promotion d'un produit ou d'un service à titre onéreux (en échange d'une contrepartie). Mais l'activité de vente sociale s'étend bien au-delà puisqu'elle intègre le contrat de vente. Ainsi, au cadre légal de l'influence commerciale s'ajoute celui de la vente et les obligations qui lui sont propres : par exemple, les mentions légales devant figurer sur le site d'e-commerce, le traitement des données à caractère personnel, les informations obligatoires au moment de la commande (prix, caractéristiques essentielles...), le respect du délai de rétractation, etc.

### Quels défis réglementaires uniques le *social selling* et l'influence marketing représentent-ils, et comment l'ARPP prévoit-elle d'y répondre ?

Les deux activités doivent répondre à des exigences de loyauté, de véracité et de transparence vis-à-vis des consommateurs. Si l'ARPP est statutairement compétente en matière de publicité et de communication commerciales, les organisations professionnelles membres ont à cœur de mettre en œuvre un outil pédagogique permettant aux *social sellers* de se professionnaliser et de confier à l'ARPP son suivi. C'est ainsi qu'est née l'idée d'un certificat de la vente sociale responsable. À l'instar du certificat de l'influence responsable, celui-ci a pour objet de faire la pédagogie des règles encadrant la promotion et la vente de produits et services.

### De quelle manière peut-on assurer la protection des consommateurs dans le contexte du *social selling* ?

En donnant aux *social sellers* les clefs d'une communication éthique et responsable : comment dois-je révéler l'intention commerciale à ma communauté ? Comment éviter de faire du greenwashing ? Quels sont les produits réglementés ? Quelles informations et mentions légales dois-je faire apparaître ? L'ensemble de ces thématiques sont abordées par le certificat de la vente sociale responsable.

### Comment voyez-vous l'avenir de l'influence marketing et du *social selling*, et quelles sont d'après vous les priorités à traiter pour les indépendants, les marques et les consommateurs ?

L'influence commerciale et le *social selling* relèvent tous deux de la *creator economy*. Cette économie disrupte les canaux de promotion et de vente en ligne plus traditionnels que nous connaissions jusqu'alors, et plus généralement les médias et la culture. Même s'il croît rapidement, le marché est encore jeune et il a besoin de pédagogie pour se structurer, se professionnaliser et surtout bâtir les bases d'une confiance qui seront nécessaires à son développement. S'il n'y a pas de confiance des audiences, il n'y a pas de marché qui puisse se pérenniser. *No trust, no business.*

**En quoi les avancées technologiques, comme l'intelligence artificielle et la réalité augmentée, affectent-elles le *social selling* et quelles sont leurs implications pour la régulation ?**

Le recours aux technologies avancées comme l'IA générative, la réalité augmentée ou les filtres, par exemple, exige avant tout d'être transparent vis-à-vis des audiences. Ainsi, les contenus générés par l'IA doivent pouvoir être identifiés comme tels pour éviter tout risque de confusion. Il en va de même lorsqu'un créateur a recours aux filtres pour faire la promotion d'un produit. C'est d'ailleurs une exigence légale depuis 2023, au moyen de la mention légale « images retouchées », dès lors que le créateur a recours à un procédé de traitement d'image visant à affiner ou à épaissir la silhouette ou à modifier l'apparence du visage. Aussi, en aucun cas il ne doit être possible de se défausser d'une quelconque responsabilité au motif qu'un dommage serait causé par une IA. La responsabilité humaine de celui qui l'a mise en œuvre doit rester pleine et entière.

**Quels conseils donneriez-vous aux professionnels du marketing pour naviguer dans le paysage du *social selling* ?**

Le *social selling* est une technique puissante permettant aux professionnels du marketing de cibler leur prospection, de nouer des liens avec des clients potentiels et de booster leurs ventes sur les réseaux sociaux. Pour naviguer dans ce paysage, je recommanderais avant tout de définir une stratégie qui intègre, *by design*, dès sa conception, l'authenticité, la transparence et l'éthique. Ces valeurs renforceront l'engagement et l'adhésion des audiences et deviendront de véritables leviers de performances.

L'œil du terrain

## Carole Kournwsky

Carole Kournwsky a fondé et dirige L'Agence des Copines avec Audrey Perez. Elle est également, depuis 2022, *social seller* indépendante au sein de la société Jolimoi, dans laquelle elle a atteint la position de manager d'équipes.

**Vous êtes certifiée influenceur responsable. Pourquoi était-ce important pour vous de vous faire certifier ?**

J'ai été une des cent premières participantes. Via l'agence, j'étais amenée à accompagner certaines influenceuses et il était logique que je maîtrise bien le sujet pour les conseiller de la meilleure façon possible dans leur communication. Le milieu de l'influence a été longtemps très flou juridiquement, comme la plupart des « nouveaux métiers », et il était fondamental pour moi de connaître les lois et textes sur le sujet. La plupart des marques, désormais, ne travaillent plus avec des créatrices de contenus qui ne le possèdent pas.

Ensuite, je suis amenée, sur mon propre compte Instagram, à mettre en avant des offres, produits et services, et je souhaitais avoir un discours éthique qui respecte la réglementation. Par exemple, le certificat de l'ARPP sensibilise les créateurs de contenus à la bonne manière d'aborder les sujets beauté, minceur ou celui des compléments alimentaires afin d'être transparents et honnêtes envers leur communauté.

**Quelle définition donneriez-vous du *social selling* responsable ?**

Pour nous, c'est l'une des évolutions du marketing de réseau avec de bonnes pratiques fondée sur un développement de l'activité de la recommandation produit plus sain et plus éthique. Le *social seller* n'est pas là pour vendre à tout prix, mais pour guider ses prospects à consommer mieux et moins (le diagnostic beauté Jolimoi a été créé en ce sens). Le marketing de réseau souffre d'une mauvaise presse, majoritairement à cause d'une communication mensongère faite par des « vendeurs de rêves ». La fameuse « génération Z » place l'entrepreneuriat en top position : de nombreux jeunes rêvent d'entreprendre et ce, directement après leurs études, sans passer par la case salariat.

En revanche, ils ont de nouveaux codes : ils placent le bien-être professionnel au centre de leurs préoccupations et ont besoin de donner du sens à leur travail. Mais ils ont aussi du mal à trouver des idées business accessibles et n'ont pas forcément les compétences nécessaires au début. Le *social selling* leur apporte ces solutions : un modèle business abordable, sécuritaire (pas d'investissement ni de pertes), simplifié (guide au démarrage et formations complètes) et sensé.
On voit énormément d'entrepreneurs essayer de vendre des infos-produits, tenter de mettre en place des « tunnels de vente » ou céder à la tentation du *dropshipping*, mais sans succès car ils n'ont pas de vraies démarches.
Le *social selling* responsable offre du « clés en main ».

**Pourquoi le *social selling* et l'influence seront-ils nécessairement « responsables » dans le futur ?**
Il y a eu énormément de dérives, d'arnaques et de fausses informations dans ces milieux, ce qui a rendu les consommateurs méfiants, car ils ne sont pas dupes ! Aujourd'hui, les achats découlent de la confiance et de la crédibilité : les gens ont besoin de preuves et d'être rassurés. C'est pour cela que les acteurs de ces industries doivent se responsabiliser pour avancer.

**Comment accompagnez-vous les personnes que vous formez en tant que managers chez Jolimoi, ou dans votre coaching au sein de L'Agence des Copines, pour les sensibiliser au sujet de la responsabilité et du cadre législatif ?**
C'est notre rôle de les accompagner sur le sujet et de répondre à toutes leurs questions. Sur leur communication, dans nos accompagnements, nous les encourageons à être en permanence authentiques et honnêtes dans leur discours. Nous leur enseignons à être toujours concrets et à s'appuyer sur des chiffres et du palpable pour promouvoir leurs produits ou leur activité. Nous les sensibilisons sur leur vocabulaire, pour les aider à utiliser les bons mots.

L'œil de l'expert

# Frédéric Mazzella

Frédéric Mazzella, président-fondateur de BlaBlaCar et de Captain Cause, coprésident de l'association France Digitale depuis 2018.

**Comment voyez-vous le *social selling* s'intégrer dans l'économie collaborative, et quel impact cela a-t-il sur la manière dont les gens font des affaires aujourd'hui ?**

Le *social selling* transforme les méthodes de vente traditionnelles en mettant l'accent sur les relations plutôt que sur la transaction. Les consommateurs deviennent des ambassadeurs de marques, influençant leur réseau de manière positive. Cela encourage une consommation plus responsable et incite les autres à suivre cet exemple.

**Quels sont les principaux défis auxquels les entreprises doivent faire face lorsqu'elles adoptent le *social selling* dans leur modèle économique ?**

- **Gestion de la réputation en ligne :** les plateformes ouvertes permettent à tout le monde (et donc à n'importe qui) de donner son avis, ce qui peut rapidement affecter la perception de la marque.
- **Mesure du retour sur investissement (ROI) :** évaluer l'efficacité des campagnes de *social selling* peut être complexe.
- **Maintien de l'authenticité :** les consommateurs recherchent des interactions authentiques, ce qui exige une communication transparente et sincère.
- **Sursaturation des réseaux sociaux :** se démarquer dans un espace encombré est un défi constant.

**Quelles opportunités le *social selling* offre-t-il pour les entreprises souhaitant avoir un impact social positif?**

Le *social selling* offre les mêmes opportunités que pour les autres entreprises.

- **Renforcement de la marque.**
- **Engagement communautaire.**
- **Éducation et sensibilisation :** mise en avant des causes, comme le fait Captain Cause en promouvant les associations via nos réseaux sociaux, notre site, les communications de nos clients, et les drifts qu'ils font.

### Pourriez-vous partager des exemples concrets où le *social selling* a permis de générer un impact économique et social significatif ?

- **Campagnes de financement participatif :** Kickstarter, Hello Asso, Ulule, etc.
- **Marques de mode éthique :** Patagonia utilise le *social selling* pour promouvoir des pratiques de production durables et une consommation responsable.
- **Artisans et créateurs locaux :** Etsy permet aux artisans de vendre directement à un public global.
- **Marques responsables :** Justine Hutteau, avec Respire, utilise le *social selling* pour promouvoir des produits responsables. D'une certaine manière, Captain Cause utilise également cette stratégie en exploitant la notoriété pour mettre en avant les produits.

### Comment voyez-vous l'avenir du *social selling* dans les prochaines années, et quel rôle BlaBlaCar espère-t-elle jouer dans ce paysage ?

L'avenir du *social selling* verra une augmentation de l'utilisation de l'intelligence artificielle pour personnaliser les expériences d'achat. De nouvelles plateformes et technologies de réalité augmentée (RA) et virtuelle (VR) émergeront, offrant des expériences d'achat immersives. Une approche multicanale, utilisant les réseaux sociaux, les e-mails, les formulaires et les follow-up par WhatsApp, comme le propose Simio, va devenir courante. BlaBlaCar continuera à utiliser les réseaux sociaux pour mettre en avant les belles histoires du covoiturage et ses qualités économiques, écologiques et sociales.

### Quel message souhaitez-vous transmettre aux consommateurs concernant leur rôle dans le soutien au *social selling* et à l'économie du partage ?

Votre choix compte : c'est l'effet colibri. Considérez l'impact à long terme de vos achats, la réparabilité de vos objets, etc. Favorisez la transparence et encouragez les entreprises à être transparentes sur leurs pratiques et à communiquer ouvertement sur leur impact social. Utilisez les réseaux sociaux pour partager vos expériences avec des produits ou services issus de l'économie du partage, participant ainsi à leur visibilité et à leur crédibilité.

### Quel rôle l'intelligence artificielle va-t-elle jouer, d'après vous, dans le *social selling* ? Frein ou accélérateur ?

L'intelligence artificielle jouera un rôle crucial dans l'évolution du *social selling*. Elle permettra la personnalisation du contenu en fonction de la personne qui le voit, des publicités interactives, et des innovations dans la relation client comme la réalité virtuelle, les chatbots et les assistants personnalisés.

L'œil de l'expert

## Yann Rivoallan

Yann Rivoallan, président de l'Association française du prêt-à-porter féminin, répond à nos questions sur le *social selling*, métier d'avenir.

**Qu'est-ce que le *social selling* évoque pour vous ?**
La vente la plus sincère et la plus intéressante, là où on échange non seulement des marchandises, mais aussi de l'émotion. Le tout avec les outils du XXIe siècle.

**Une histoire personnelle avec le *social selling* ?**
Des ventes que j'ai vues chez mes parents il y a des années… et des collaborations avec des influenceuses pour lancer leurs e-boutiques.

**Quel est son impact sur le paysage commercial actuel ?**
Un renouveau de la vente et du *retail*, qui sont en souffrance.

**Quels sont, selon vous, les avantages les plus significatifs du *social selling* par rapport aux méthodes traditionnelles de vente ?**
Mettre de l'émotion, de la proximité, de la scalabilité à la vente à domicile.

**Quels impacts positifs voyez-vous grâce au développement du *social selling* ?**
Créer des emplois et de l'humain dans des métiers de la vente qui sont moins attirants.

**D'après vous, le *social selling* est-il applicable dans tous les domaines ?**
Il l'est pour tous les biens qui demandent du rêve pour être vendus.

**Le *social selling* en 2050 ?**
Dans un monde ultra-connecté, où la sobriété sera devenue une norme, la richesse humaine des rencontres sera la plus grande des valeurs.

### Ressources pour aller plus loin

***La Fin de l'individu***, Gaspard Koenig, Paris, éditions de l'Observatoire, 2019.

***Les Algorithmes font-ils la loi ?***, Aurélie Jean, Paris, éditions de l'Observatoire, 2021.

***La Guerre des intelligences à l'heure de ChatGPT***, Laurent Alexandre, Paris, JC Lattès, 2023.

Yann Rivoallan, Stéphanie Renouvin pour la Fédération du prêt-à-porter féminin, 2024, **Demain la Mode**, épisode 4, Isabelle Rabier, *Demain une mode recommandable*, disponible sur Spotify.

**« Unveiling the Dark Side of Influencer Marketing: How Social Media Influencers (Human vs Virtual) Diminish Followers' Well-Being »**, Mojtaba Barari, *Marketing Intelligence & Planning,* 41(3), septembre 2023.

***Derrière nos écrans de fumée (The Social Dilemma)***, reportage réalisé par Jeff Orlowski, 2020, Netflix.

Si vous exercez votre activité de vente essentiellement en digital, en direct ou via un partenaire :

**www.fevad.com : la Fédération du e-commerce et de la vente à distance** (Fevad) est une association à but non lucratif dont l'objet est d'accompagner le développement éthique et durable du commerce électronique et de la vente à distance en France.

**www.cnil.fr :** la CNIL accompagne les professionnels dans leur mise en conformité et aide les particuliers à maîtriser leurs données personnelles et exercer leurs droits. Elle analyse l'impact des innovations technologiques et des usages émergents sur la vie privée et les libertés :

Sur la communication sur les réseaux sociaux :

**https://www.arpp.org**/nous-consulter/regles/regles-de-deontologie/recommandation-communication-publicitaire-numerique/#toc_0_11

Si vous exercez votre activité de vente essentiellement en physique :

**www. FVD. fr :** la Fédération de la vente directe a été fondée en 1966, sous la forme d'une association professionnelle, par les entreprises de vente directe les plus importantes de l'époque. Elle est la seule instance représentative des entreprises s'adressant directement aux consommateurs, par l'intermédiaire d'un réseau de commerciaux en vente individuelle ou en réunion.

## Faites-vous certifier !

**Certificat du *social selling* responsable disponible sur le site de l'ARPP.**

# Conclusion
## Le *social selling*, un métier d'avenir

Une conviction profonde nous anime : le *social selling* responsable est le futur du commerce, et ce, pas malgré les nouvelles technologies, mais grâce à elles. **Dans un paysage commercial et technologique en constante évolution, cette nouvelle façon de penser la chaîne de valeur entre une marque et son client émerge comme une force disruptive,** offrant bien plus que de simples transactions commerciales. Lorsqu'il engage des consommateurs-ambassadeurs et s'organise sous forme de réseau ou de communauté, le *social selling* incarne un modèle de commerce social, décentralisé et authentique, récompensant équitablement chaque intervenant de la chaîne de valeur. Il favorise ainsi l'établissement d'un nouveau contrat social où économie et société, business et relations s'entremêlent pour créer de la valeur de manière synergique.

**Depuis son émergence, dans sa première forme, avec le succès mondial de Tupperware, ce métier n'a cessé de se transformer** à la suite de nombreuses évolutions sociétales et technologiques et au prix de profondes mutations dans la façon de l'exercer, notamment dans les modes de communication et d'interactions. Le *social selling* répond aujourd'hui aux attentes convergentes des individus et des consommateurs pour plus de transparence, d'authenticité, de connexions sociales aussi. Il se différencie du marketing de réseau en ce qu'il permet, grâce aux nouvelles technologies, d'étendre encore le champ des possibles en devenant accessible à tous.

**Le *social selling* permet de recréer du lien entre les marques et les consommateurs.** Il n'est plus question de faire de la publicité pour une marque en vantant ses mérites, mais de rechercher les produits adaptés aux besoins et attentes des consommateurs et donc de permettre aux entreprises de se recentrer elles-mêmes sur les attentes et les besoins de leurs clients. Que l'on soit un individu, un chef d'entreprise, un indépendant à son compte, un commerçant ou encore une marque, le faible coût des outils en ligne, l'accès à des millions de personnes via les réseaux sociaux font sauter toutes les barrières à l'entrée. Le *social selling* a un bel avenir devant lui, porté par l'explosion des usages sur les réseaux sociaux, l'évolution du monde du travail et l'évolution des modes de consommation.

**Aujourd'hui, avec l'accessibilité de l'intelligence artificielle générative (IA générative), on nous pose souvent la question du futur du *social selling*** à l'heure des bots et des algorithmes qui guident toujours plus nos prises de décisions quotidiennes. Si nous sommes conscientes de cette rupture technologique que permet l'intelligence artificielle générative dans de nombreux domaines, et des fantasmes qu'elle véhicule, nous sommes convaincues que dans le *social selling* comme ailleurs, cette nouvelle technologie permet de nombreuses opportunités pour les individus. La question revient à l'intention que l'on met derrière son utilisation pour la création de contenu, pour la rédaction de messages, pour l'automatisation, et avec quel désir d'authenticité et de transparence.

**Ce qui interpelle avec l'IA générative,** c'est la facilité et la rapidité avec lesquelles des millions de personnes l'ont adoptée grâce à ChatGPT, faisant entrer un champ des possibles vertigineux dans notre quotidien (personnel et professionnel) en très peu de temps.

**Julia de Funès, philosophe et essayiste,** a une approche positive de la question de l'IA générative et de son impact sur notre société. Elle rappelle que, comme pour tout outil, les conséquences de son utilisation dépendent de nos choix (qu'est-ce que j'en fais ?), de notre pouvoir sur l'outil (je décide de l'utiliser ou non) et pose de manière plus globale la question de ce qui, au fond, nous rend humains. Chaque rupture technologique nous oblige à nous questionner sur ce qui nous rend uniques.

**Finalement, l'IA générative pourrait nous pousser à questionner le sens de nos relations,** de notre humanité, et à être de meilleurs êtres humains. En nous faisant gagner du temps sur un certain nombre d'actions répétitives qui ne créent pas beaucoup de valeur, l'IA générative libère du temps. Mais pour quoi faire ? C'est bien là la question, et dans le cadre du *social selling*, qui comporte beaucoup d'actions très transactionnelles, on peut imaginer qu'elle permette à chacun d'être meilleur dans la relation client ou le management d'équipe, en réhumanisant d'un point de vue très concret les relations. L'IA générative serait alors l'une des clés vers la reconnexion.

**Quels impacts pouvons-nous envisager dans le *social selling*?** Sur les réseaux sociaux, les *social sellers* font déjà face, dans leur business, à l'évolution des algorithmes contrôlés par les plateformes et peuvent parfois se plaindre de ne pas les comprendre. Aujourd'hui, les GAFAM (Google, Apple, Facebook, Amazon, Microsoft) contrôlent les principaux moteurs de recherche pour orienter les choix et décisions de milliards de personnes. Ce constat, né de la surpuissance technologique et économique de ces acteurs, s'accélère avec l'incroyable percée de Microsoft (entre autres) dans l'intelligence artificielle.

**En quoi cela nous concerne-t-il ?** Ces super-algorithmes capables de traiter et d'interpréter de manière « intelligente » des milliards de données en temps réel vont considérablement faire évoluer notre rapport aux plateformes Internet, aux *social media* et applications, et transformer la façon dont nous prenons nos décisions pour les routes que nous empruntons, les livres que nous lisons, les voyages que nous faisons ou les produits que nous consommons. Lors d'une conférence au Beauty Summit à Paris en 2023, le directeur marketing de Procter & Gamble a fait une brillante démonstration de l'impact de l'IA sur les moteurs de recherche et dans nos outils du quotidien.

**Google est le leader incontesté des moteurs de recherche.** L'affichage des résultats dépend de la pertinence des stratégies des marques en marketing payant ou organique pour orienter le consommateur vers leurs pages. Les statistiques sont choquantes : les chances pour que l'internaute clique sur votre page diminuent drastiquement après le troisième résultat, et si vous n'êtes pas sur la première page, vos chances d'être découvert par les internautes sont infimes. Un choix de milliers de réponses possibles est réduit à une dizaine de résultats. Avec des outils comme Siri, le nombre de résultats a encore été réduit pour cibler vos options. L'ordre d'affichage des résultats dépend plus de l'efficacité de la marque dans son référencement sur les moteurs de recherche que de la pertinence du produit par rapport aux besoins du consommateur ou à ses préférences.

**C'est là où l'IA change la donne.** Avec l'arrivée de ChatGPT ou de Gemini, l'internaute peut poser des questions et obtenir un résultat réplicable N fois à chaque nouvelle demande. D'une certaine manière, on redonne plus de granularité aux résultats possibles et de sens à l'intervention humaine d'un expert ou d'un passionné pour valider ou invalider une réponse.
On l'a vu, l'IA générative utilisée pour la recommandation va faire évoluer les modèles de recommandation permettant de créer des chatbots hyper-intelligents qui nous connaissent très bien. Ces outils conversationnels qui peuvent imiter l'humain de manière troublante ne vont-ils pas mettre fin à ce métier ?
**Les algorithmes ne vont pas remplacer les *social sellers*.** Chez Jolimoi, par exemple, les *social sellers* utilisent déjà les algorithmes de recommandation via leur application business en s'appuyant sur notre technologie propriétaire AffinIT™. Ces outils les aident, indépendamment de leur niveau d'expérience, à faire des recommandations pertinentes aux clients finaux parmi un large choix de produits et de marques, grâce à un diagnostic conversationnel en ligne qui permet de pré-cibler les besoins du consommateur et de fournir une première grille de lecture sur laquelle ils s'appuient pour engager la conversation.

**L'IA générative et l'amélioration des capacités dans les outils de recommandation conversationnelle** (texte, voix, image) vont continuer à accélérer ce mouvement existant tout en ouvrant de nouvelles perspectives dans leur quotidien. L'IA générative permet à tout un chacun de générer des contenus écrits, images, audios et vidéos via des outils hyper-sophistiqués, gratuits ou peu chers, comme ChatGPT, Gemini, MidJourney et toutes les nouvelles applications métier qui se lancent. Ces derniers vont permettre aux *social sellers* existants d'être plus efficaces et rendre l'activité encore plus accessible à tous sans besoin de connaissances préalables.

**Le *social selling* repose sur un lien humain physique et digital** qui se crée entre deux personnes autour de centres d'intérêt et n'est pas remplaçable. Savoir utiliser les outils d'IA générative dans le cadre du métier du *social selling* procurera un avantage incontestable pour démultiplier les actions répétitives qui peuvent être automatisées, permettant ainsi au *social seller* de se concentrer sur l'essentiel : le relationnel, raconter des histoires et générer de l'émotion chez son client.

Quelques exemples d'applications pratiquées notamment par Lili Chartrez, manager chez Jolimoi :

- Utilisation de l'IA générative pour doubler des formations et des vidéos en espagnol et pouvoir interagir avec des contacts étrangers.
- Utilisation de ChatGPT pour aider les *social sellers* à la rédaction de légendes ou de textes sur des posts.
- Création d'avatars pour converser 7 jours/7 et 24 heures/24 avec le client, notamment sur TikTok.

Une plateforme comme Jolimoi (qui n'est pas la seule) a un rôle fondamental à jouer pour éviter une nouvelle fracture technologique, qui laisserait une partie de la population sur le bord de la route. Le *social selling*, véritable ascenseur social, constitue une opportunité de reconversion pour des milliers de personnes et permet d'en toucher des millions. Grâce au *social selling*, nous avons le pouvoir de construire un nouveau contrat économique et social.

**Vous l'avez compris,**
**osez le *social selling* !**
**À vous de jouer !**

*Si vous avez envie d'en savoir plus sur l'opportunité Jolimoi, flashez ce QR code, une surprise vous attend :*

*Imprimez le* ***glossaire*** *qui va vous sauver la vie dans vos conversations métier via ce QR code :*

# Remerciements

Voilà, nous l'avons fait. Dix-huit mois ont été nécessaires pour condenser l'univers du *social selling* dans un guide que nous voulions simple, accessible, et surtout concret. Si vous avez tourné les pages jusqu'ici, c'est que nous avons relevé ce challenge avec succès. Celui de vous partager notre passion pour un métier magique : celui du commerce de demain. Ou alors, vous aimez tout particulièrement la page des remerciements ! • Un grand merci à nos complices (et associées), Jennifer Fiorentino et Mathilde Rigabert, qui sont nos piliers dans cette aventure humaine et tumultueuse que nous vivons depuis bientôt sept ans avec Jolimoi. • Une *ola* bien méritée à nos équipes, en interne, qui se sont mobilisées pendant des mois pour nous permettre de dégager le temps nécessaire pour avancer dans l'écriture de ce guide, et en particulier Natacha Rozman, Ugo Malavard et Aurélie Guyot pour pour leurs regards avisés et bienveillants. • Merci à Corinne Granger pour la relecture marathon des épreuves. • À nos chers amis (Polo, Nini et leurs enfants, Adèle, Adrien, Sophie, qui n'ont pas hésité à déserter leur maison pour accueillir nos marathons d'écriture) : vos encouragements sans faille et votre hospitalité nous ont portées à chaque étape de cette aventure. On vous aime. • À nos éditeurs, Geneviève de La Bretesche, Jean Brousse et Philippe Héraclès, ainsi que Le cherche midi éditeur : votre confiance, vos précieux conseils et, on peut bien le dire, « vos coups de pied aux fesses » ont été les boussoles qui ont guidé notre voyage. Un merci très spécial à Estelle Monraisse, qui a semé la graine de ce projet. • Merci à Roland Tripard d'avoir dégagé du temps pour nous partager une préface inspirante. • À Pauline Duval, Marc Menasé et tous ceux qui nous ont fait confiance dès 2017 pour lancer Jolimoi. • À Nathalie Balla (ex. La Redoute), Mohamed Mansouri (ARPP), Audrey Perez & Carole Kournwsky (L'Agence des Copines), Marion Serre, top manager chez Jolimoi depuis des années, Pierre-Étienne Bidon (moka.care), Frédéric Mazzella (BlaBlaCar), Yann Rivoallan (Fédération du prêt-à-porter féminin), Caroline Mignaux (Marketing Square), Louis Marty (Merci Handy), Florie Maccotta (Jolimoi), Kim Peres et tous ceux qui ont répondu présent pour partager leur expérience et témoigner, même dans les moments les plus chargés. • Merci à nos familles, Mathieu (papa poule) et nos trois chéris, Bruno (qui a passé de longues soirées seul), Tim, Léa, Laura et Marinette... qui n'ont jamais douté de nos capacités et nous ont encouragées dans les moments difficiles. • Et enfin, un immense merci à notre communauté d'indépendants, les héros de notre histoire, qui incarnent depuis sept ans cette vision du *social selling* responsable. Votre engagement, votre confiance et votre soutien sont une source constante d'inspiration. • Avec toute notre gratitude. •

## Sources

**Page 17 :**
étude e-commerce Fevad (Fédération du e-commerce et de la vente à distance), 2022.
**Page 29 :**
tableau, Digiperf.
**Page 30 :**
tableau, Linkfluence, sur la rémunération moyenne des influenceurs en fonction de leur nombre d'abonnés.
**Page 71 :**
https://www.fevad.com/social-selling-les-reseaux-sociaux-au-service-des-e-commercants-en-2022.
Accenture Research, Social Commerce, 2021.
https://wfdsa.org/wp-content/uploads/2023/08/Sales-Seller-Report-2022.pdf
Status of Social Commerce Report 2021. The Influencer Marketing Factory
**Page 71 :**
source encadré : Accenture Research, Social Commerce, 2021.
**Page 74 :**
Shopify, https://theinfluencermarketingfactory.com/wp-content/uploads/2023/11/social-commerce-infographic-2024.pdf
**Page 77 :**
source encadré, WFDSA (World Federation of Direct Selling Associations).
**Page 129 :**
tableau, www.tiz.fr/levolution-des-reseauxsociaux-en-france-etdans-le-monde-2024.

**Direction éditoriale**
Geneviève de La Bretesche
**Conception graphique et mise en pages**
Lætitia Queste
avec l'aide d'Agnès Boulmer

Dépôt légal : octobre 2024
ISBN : 978-2-7491-7874-5

92, avenue de France 75013 Paris
serviceclients@lisez.com



Achevé d'imprimer sur les presses de Normandie Roto Impression s.a.s. en septembre 2024
N° d'impression : 2403915
Imprimé en France